lonely planet

CHICAGO

EN QUELQUES JOURS

ALI LEMER, KARLA ZIMMERMAN

Sommaire

Préparer son séjour 4

Hot dog gastronomique
PRAIRIE_EYE/GETTY IMAGES ©

Explorer Chicago 31

Vaut le détour

Carnet pratique 147

Coups de projecteur

Bienvenue à Chicago

Des gratte-ciel vertigineux, un lac bordé de plages, des musées prestigieux... mais aussi des spectacles humoristiques provocateurs, des concerts de blues et de généreuses pizzas : cette ville ne vous décevra pas. Si le centre est une merveille d'architecture gris acier, les quartiers ornés de peintures murales – avec leurs restaurants, leurs théâtres et leurs bars conviviaux – ont encore plus de charme.

RON AND PATTY THOMAS/GETTY IMAGES ©

Les incontournables

Art Institute of Chicago

Un écrin de marbre pour un florilège de chefs-d'œuvre. **p. 38**

BARRY WINIKER/GETTY IMAGES ©

Willis Tower

Un superbe panorama depuis le plus haut gratte-ciel de Chicago. **p. 40**

Lincoln Park

L'immense terrain de jeu des habitants de Chicago. **p. 82**

Wrigley Field

Dans la plus pure tradition du base-ball. **p. 96**

Field Museum of Natural History

Un musée universel. **p. 130**

360° Chicago

La ville vue d'en haut (très haut). **p. 68**

Millennium Park

Un parc abritant des œuvres fantaisistes. **p. 34**

Robie House

Le chef-d'œuvre de style Prairie de Frank Lloyd Wright. **p. 144**

Museum of Science & Industry
Le musée des Sciences en tout genre. **p. 142**

Navy Pier
Une fête foraine sur un quai de plus de 1 km. **p. 56**

Museum of Contemporary Art (MCA)
Musée audacieux et avant-gardiste. **p. 70**

Cuisine

Chicago est un haut lieu de la gastronomie. Pour autant, la plupart des restaurants pratiquent ici des prix raisonnables et ne jugent pas indispensable de servir une cuisine de haut vol dans un cadre guindé. Vous découvrirez aussi d'excellentes tables de cuisine internationale, notamment en dehors du centre-ville comme à Pilsen ou Andersonville.

Spécialités locales

Deux classiques : la pizza *deep-dish* avec sa croûte bien épaisse et sa garniture fondante, et le hot dog de Chicago (saucisse de Francfort recouverte d'oignons, de tomates, de cornichons à l'aneth et d'une sauce sucrée, sans ketchup). Enfin, il y a les sandwichs italiens au bœuf épicé et juteux, que l'on ne trouve qu'à Chicago.

Rues gourmets

Les meilleurs chefs de Chicago officient dans Randolph Street, dans le West Loop. Les amateurs de repas en terrasse se rendront dans les bistrots et cafés branchés de Division Street, dans Wicker Park. Et les *taquerías* mexicaines ne manquent pas dans 18th Street à Pilsen.

Fins gourmets

Alinea Cuisine moléculaire dans l'un des meilleurs restaurants du monde. (p. 91)

Girl & the Goat Une adresse tendance mettant en vedette la viande de chèvre. (p. 124)

Smyth Deux étoiles au Michelin, une cuisine réconfortante et de saison, et des ingrédients de la ferme de l'établissement. (p. 125)

Revival Food Hall Les jeunes branchés plébiscitent les stands de cet espace de restauration dédié aux saveurs locales. (p. 49)

Adresses bon marché

Lou Mitchell's Un *diner* façon Route 66 où l'on vous appelle naturellement "*honey*". (p. 124)

Irazu Plats costaricains traditionnels épicés. (p. 109)

Publican Quality Meats Sandwichs à la viande de bœuf arrivant tout droit du billot du boucher. (p. 122)

Pizzas

Giordano's Des pizzas *deep-dish* encore énormissimes. (p. 63)

SHINYSHOT/SHUTTERSTOCK ©

Pizano's D'excellentes pizzas à pâte fine, en plus de la traditionnelle *deep-dish*. (p. 50)

Végétalien

Chicago Diner Repaire des légumivores de Chicago depuis longtemps. (p. 99)

Native Foods Cafe Menu vegan à tendance internationale, accompagné de bières et de vins bio. (p. 49)

Brunch

Sweet Maple Cafe Biscuits et pancakes à la banane tout chauds. (p. 122)

Big Jones Saveurs de La Nouvelle-Orléans et de Caroline du Sud. (p. 103)

Douceurs

Hoosier Mama Pie Company Les délices feuilletés par excellence. (p. 108)

Margie's Candies Énormes sundaes au coulis de chocolat chaud. (p. 109)

Mexicain

Topolobampo/Frontera Grill Les adresses de Rick Bayless. (p. 63)

Don Pedro Carnitas Les meilleurs tacos de la ville. (p. 138)

Hot dogs

Hot 'G' Dog Des saucisses de toutes sortes, et le classique hot dog de Chicago. (p. 103)

Wieners Circle Hot dogs grillés, frites au cheddar fondu et serveurs au langage fleuri. (p. 90)

Dîner en ville

Pensez à réserver dans les restaurants de catégorie moyenne et supérieure, surtout le week-end. On peut réserver en ligne dans de nombreux restaurants via OpenTable (www.opentable.com). L'excellent LTH Forum (www.lthforum.com) répertorie les adresses de la ville.

Vie nocturne

Les habitants de Chicago adorent se détendre dans les bars. La faute au long hiver qui les oblige à rester bien au chaud. Ou la faute à l'été qui les pousse à profiter du beau temps en terrasse et dans les beer gardens... Quelle qu'en soit la raison, ces moments de convivialité sont chers au cœur de tous, et généreusement partagés.

Clubs

Les clubs se concentrent dans trois principaux secteurs : River North et West Loop, où les établissements sont spacieux et chics (tenue correcte exigée) ; Wicker Park et Ukrainian Village, où l'ambiance est à la cool ; et Wrigleyville et Boystown, avec des clubs à mi-chemin entre les deux. Sur les réseaux sociaux, la plupart offrent des entrées à prix réduits : vérifiez avant de sortir.

Bars typiques de Chicago

Quelques indices pour dénicher des bars typiques et pleins de caractère : une enseigne de bière à l'ancienne à l'entrée ; un jeu de fléchettes et/ou une table de billard ; des clients coiffés de casquettes des Cubs, des White Sox ou des Blackhawks ; et des matchs à la TV.

Bonne ambiance

Old Town Ale House Branchés et habitués grisonnants boivent leur verre à l'ombre de tableaux grivois. (p. 91)

RM Champagne Salon Des guirlandes lumineuses et des bulles dans le West Loop. (p. 126)

Bière

Revolution Brewing Microbrasserie à la déco industrielle chic et bonnes bières. (p. 115)

Centennial Crafted Beer & Eatery Bar à bières convivial ; 50 variétés en fût. (p. 64)

Delilah's Bar punk animé à la riche carte de bières (et de whiskies). (p. 91)

Cocktails

Violet Hour Cocktails renommés à siroter dans un bar discret. (p. 111)

Sparrow Mixtures personnalisées à base

MASSIMO BORCHI/ATLANTIDE PHOTOTRAVEL/GETTY IMAGES ©

de rhum dans un bar rétro et cosy. (p. 78)

Lost Lake Bons breuvages exotiques et rafraîchissants. (p. 115)

Vin

Bar Ramone Un verre de mousseux en fin de soirée dans un salon à l'européenne. (p. 64)

Press Room Vins rouges et blancs aux chandelles et en sous-sol. (p. 127)

Vue panoramique

Waydown Vue sur les gratte-ciel au sommet de l'Ace Hotel, un cocktail en main. (p. 126)

Signature Lounge Montez au 96e niveau du Hancock Center et admirez... (p. 69)

Cindy's Un toit-terrasse avec vue sur le Loop et Millennium Park. (p. 51)

Clubs

Smart Bar Adresse intimiste qui programme des DJ pointus. (p. 100)

Berlin Beaucoup d'espace pour danser à son aise. (p.101)

Bars locaux

Skylark Un verre bon marché et des galettes de pommes de terre avec l'underground de Pilsen. (p. 140)

Innertown Pub Boissons authentiques, kitsch et à bas prix dans un lieu discret de Ukrainian Village. (p. 111)

Ten Cat Tavern Billard, œuvres d'art et bières devant la cheminée. (p. 100)

Programme des bars et des clubs

Le *Chicago Reader* (www.chicagoreader.com) répertorie aussi les bars et clubs. Il faut avoir 21 ans ou plus pour consommer de l'alcool. Le soir, sortez avec votre permis de conduire ou votre passeport, car l'âge est souvent contrôlé.

Shopping

Entre les enseignes clinquantes du Magnificent Mile et les designers indépendants de Wicker Park, Chicago est une destination shopping à découvrir. De fait, c'est dans cette ville qu'est né le concept de grands magasins ainsi que certains usages devenus incontournables – tels que la garantie de remboursement en cas d'insatisfaction, la liste de mariage et le coin des bonnes affaires.

Spécialités

Honneur à la musique. Les disquaires indépendants, soutenus par le dynamisme de la scène musicale urbaine, abondent dans tous les quartiers. Les fans de vinyles ne sauront plus où donner de la tête. Autre grande spécialité : la fripe et les boutiques d'occasion, car ici, on ne jette pas ses vieux vêtements. On préfère déposer sa vieille chemise de bowling, son chapeau *pillbox*, son manteau imitation fourrure et ses bijoux fantaisie dans les magasins vintage ou d'occasion qui se bousculent en ville. Enfin, Chicago est réputé pour les objets en lien avec l'art et l'architecture.

Articles locaux

Plusieurs magasins proposent sacs à main, pendentifs, robes et journaux cousus, piqués et collés au pistolet par des artisans de la ville. Vous pouvez être sûr de repartir avec des articles uniques.

Musique

Reckless Records Excellente adresse pour découvrir les groupes de rock indé locaux. (p. 112)

Dave's Records L'un des meilleurs disquaires des États-Unis selon *Rolling Stone*. (p. 93)

Dusty Groove Des vinyles à foison, avec des raretés (musique soul et funk). (photo ; p. 113)

Livres

Quimby's BD, fanzines et culture underground. (p. 112)

Pilsen Community Books Magasin charmant, avec des livres du sol au plafond. (p. 140)

Open Books Librairie d'occasion, accueillante et bien fournie. (p. 127)

KAMIL KRZACZYNSKI/AFP/GETTY IMAGES ©

Souvenirs

Chicago Architecture Center Shop Pour acheter une mini-Willis Tower ou un poster de gratte-ciel. (p. 53)

Transit Tees Logos inventifs créés à Chicago, apposés sur différents supports. (p. 113)

Art Institute of Chicago Posters et cartes à l'effigie des chefs-d'œuvre de la collection. (p. 38)

Mode et articles vintage

Una Mae's Pour se relooker avec des vêtements d'occasion. (p. 113)

Knee Deep Vintage Formidables vêtements et articles pour la maison des Années folles aux seventies. (p. 141)

Art et artisanat

Randolph Street Market Siège du savoir-faire des designers indé à Chicago. (p. 127)

Andersonville Galleria Trois niveaux de boutiques indé locales. (p. 103)

ShopColumbia Les créations des étudiants en art de Columbia College. (p. 53)

Pilsen Outpost Galerie gérée par des artistes vendant t-shirts, posters et tableaux uniques. (p. 141)

Pour les petits

American Girl Place Pour boire un thé et se faire coiffer au milieu des poupées. (p. 79)

Lego Store Le royaume du Lego. (p. 79)

Rotofugi Magasin de jouets hors normes proposant des objets décalés et créatifs. (p. 93)

Bonnes affaires et ouvertures

Le *Chicago Magazine* (www.chicagomag.com) publie chaque semaine la lettre d'information "*sales check*", qui recense bonnes affaires et nouvelles boutiques. Taxe de vente (sauf sur la nourriture) à 10,25%.

Architecture

Un mal pour un bien... Le Grand Incendie de 1871 permit à Chicago de faire sa révolution architecturale et de devenir un bouillonnant laboratoire d'idées. Daniel Burnham, l'un des grands urbanistes de la période, encouragea les architectes à s'affranchir des limites traditionnelles, et à voir grand – très grand. Depuis lors, Chicago n'a cessé de voir fleurir les gratte-ciel.

Noms à retenir

En matière d'architecture, Louis Sullivan fut le père fondateur de Chicago, créant des gratte-ciel révolutionnaires à charpente métallique. Frank Lloyd Wright, étudiant de Sullivan, donna au style *Prairie* une renommée mondiale. Daniel Burnham est, quant à lui, l'auteur du plan éponyme qui préserva le littoral de Chicago, tandis que Ludwig Mies van der Rohe est réputé pour son esthétique minimaliste, et pour les formes épurées qui ont donné naissance aux gratte-ciel modernes.

Enfin, Jeanne Gang est actuellement l'architecte star de la ville. Ses constructions contemporaines évoquant des motifs naturels fleurissent un peu partout.

Préservation

La Chicago Architecture Foundation est née des efforts de conservation fournis dans les années 1960 pour sauver une demeure du South Loop. Beaucoup d'autres bâtiments ont cependant été démolis, le plus célèbre étant le Stock Exchange Building. On peut encore admirer son arche, qui a échappé aux pelleteuses, devant l'Art Institute.

Gratte-ciel

Willis Tower Montez au 103e niveau, puis regardez dans le vide par le sol vitré de la corniche du plus haut bâtiment de Chicago. (p. 40)

Aqua Tower D'une remarquable conception ondulée, le bijou de 86 étages de Jeanne Gang a raflé de nombreux prix. (p. 46)

875 N Michigan Ave Gagnez les cieux à l'observatoire (94e niveau) et au bar lounge (96e niveau) de cette tour des berges. (p. 68)

Tribune Tower Cette tour néogothique est incrustée

MABRY CAMPBELL/GETTY IMAGES ©, ARCHITECT: BERTRAND GOLDBERG

de pierres du Taj Mahal, du Parthénon et de bien d'autres édifices célèbres. (p. 60)

Marina City Ces deux tours en forme d'épis de maïs (photo ci-contre) semblent tout droit sorties d'un dessin animé. (p. 60)

Kluczynski Federal Building Avec cette structure carrée, Ludwig Mies van der Rohe a façonné le look des gratte-ciel modernes. (p. 47)

Style Beaux-Arts

Chicago Cultural Center Plafonds dorés, marbres et mosaïques en nacre décorent les salles. (p. 47)

Museum of Science & Industry Ce musée occupe l'ancien palais des Beaux-Arts de l'Expo universelle de 1893. (p. 142)

Frank L. Wright

Robie House Les lignes gracieuses du chef-d'œuvre de Wright à Hyde Park ont fait des émules partout dans le monde. (p. 144)

Charnley-Persky House Wright conçut cette demeure à seulement 19 ans, et la proclama premier bâtiment de l'ère moderne. (p. 76)

Manoirs

Driehaus Museum Manoir de l'âge doré des arts décoratifs, comme en témoignent ses 3 niveaux et ses vitraux. (p. 60)

Patterson-McCormick Mansion Manoir néoclassique de 1893, époque à laquelle Astor Street était la "rue des millionnaires". (p. 79)

Vaut le détour

Frank Lloyd Wright Home & Studio (☎312-994-4000 ; www.flwright.org ; 951 Chicago Ave ; adulte/enfant 18/15 $; ⏲10h-16h). Dans le faubourg d'Oak Park, la maison-atelier que l'architecte occupa de 1889 à 1909 se prête à une fascinante visite d'une heure. Facilement accessible depuis le centre-ville par la ligne verte du métro.

Musées et galeries d'art

Le plus grand T-Rex du monde, le plus grand nombre de toiles impressionnistes en dehors de la France, le plus grand musée scientifique du monde occidental. Tous ces superlatifs s'appliquent aux musées de Chicago. La ville compte aussi un choix de musées plus petits – exposant aussi bien des perles mexicaines que du matériel médical – ainsi qu'une foule de galeries d'art.

Billets en ligne

Avec l'achat en ligne, on est assuré de pouvoir entrer, et, parfois, on évite les files d'attente. Néanmoins, ce service est parfois payant (environ 2 $), et il arrive que la file d'attente des billets prépayés soit aussi longue que l'autre... N'achetez vos billets en ligne qu'en été et pour les grandes expositions. Le reste du temps, c'est inutile.

Galeries d'art

Elles se concentrent dans cinq secteurs. River North est le plus ancien et le plus fourni. Des artistes internationaux de renom exposent ici. Le West Loop est un fief d'art avant-gardiste connu dans le monde entier. Bucktown et Wicker Park abondent en espaces alternatifs et en talents prometteurs. Quant à Pilsen, il recèle plusieurs petits espaces d'exposition, aux horaires aléatoires, tenus par des artistes. Enfin, le côté sud du quartier de Bridgeport se fait un nom avec ses galeries d'art aménagées dans un dédale de vieux entrepôts de W 35th Street.

Musées d'art

Art Institute of Chicago Le deuxième musée d'art du pays réunit des Monet et des œuvres contemporaines, entre autres trésors. (p. 38)

Museum of Contemporary Art La collection du petit frère effronté et rebelle de l'Art Institute repousse les limites toujours plus loin. (p. 70)

National Museum of Mexican Art Fonds remarquable de peintures mexicaines, d'art folklorique et d'œuvres politiques. (p. 136)

Musées scientifiques

Field Museum of Natural History Collections de dinosaures, de gemmes, de momies et de lions empaillés. (p. 130)

ZUMA PRESS, INC./ALAMY STOCK PHOTO ©

Museum of Science & Industry Le plus grand musée scientifique du monde occidental. (p. 142)

Adler Planetarium Ce bijou au bord du lac vous emmène aux confins de l'espace. (p. 136)

Galeries d'art

Intuit: The Center for Intuitive & Outsider Art Petit musée présentant des artistes hétérodoxes de talent. (p. 108)

Wrightwood 659 Nouvel espace pensé par Tadao Andō pour des expos d'architecture. (p. 88)

Mars Gallery Pop art, couleurs et ambiance cartoon dans un édifice historique. (p. 122)

Musées insolites

International Museum of Surgical Science Expos fascinantes sur l'histoire des sciences médicales. (p. 77)

American Writers Museum Présentations passionnantes et interactives sur la littérature américaine. (photo ; p. 48)

Chicago History Museum Retrace l'histoire de la ville à travers divers objets, dont des alambics du temps de la Prohibition. (p. 88)

Money Museum Pour ramener chez vous une photo avec la mallette à un million de dollars. (p. 46)

Vaut le détour

Le **Zhou B Art Center** (☎773-523-0200 ; www.zhoubartcenter.com ; 1029 W 35th St, Bridgeport ; ⏲expo principale 10h-17h lun-sam ; 🚌8) remplit un vieil et immense entrepôt de galeries et d'ateliers exhibant peinture et sculpture contemporaine, avec des artistes internationaux connus. Allez-y le 3e vendredi du mois en nocturne pour le Third Friday Open Studios (19h-22h).

Circuits organisés

Vous aurez l'embarras du choix : les sorties en bateau sont les plus plébiscitées – voguer dans l'ombre des gratte-ciel sur la Chicago River a quelque chose de magique. La marche, le bus et le vélo sont par ailleurs d'excellentes façons d'explorer les quartiers ou d'approfondir une thématique : architecture Art déco, repaires de la pègre ou brasseries.

SHOBEIR ANSARI/GETTY IMAGES ©

Chicago Architecture Center Tours (CAC ; ☎312-922-3432 ; www.architecture.org ; 111 E Wacker Dr ; circuits 20-55 $). La référence des circuits en bateau ou à pied pour découvrir la splendeur architecturale de Chicago.

Chicago Detours (☎312-350-1131 ; www.chicagodetours.com ; circuits à partir de 28 $). Circuits fascinants sur l'architecture, l'histoire et la culture de la ville, à pied ou en bus.

Chicago by Foot (☎312-612-0826 ; www.freetoursbyfoot.com/chicago-tours). Balades à pied à prix libre sur, entre autres, l'architecture du Loop et l'histoire du West Loop.

InstaGreeter (www.chicagogreeter.com/instagreeter ; 77 E Randolph St ; ⏲10h-15h ven-sam, 11h-14h dim ; M Lignes marron, orange, verte, violette ou rose, arrêt Washington/Wabash). Parcours gratuit d'une heure dans le Loop ; départs fréquents et réservation inutile.

Chicago Food Planet Tours (☎312-932-0800 ; www.chicagofoodplanet.com ; circuits 2-3 heures 45-60 $). La tournée des restaurants de Wicker Park, Chinatown et d'autres quartiers.

Weird Chicago Tours (☎217-791-7859 ; www.weirdchicago.com ; 600 N Clark St, River North ; circuits 3 heures 40 $; M Ligne rouge, arrêt Grand). Tours en bus rythmés par fantômes, gangsters et scènes de crimes épouvantables.

Windy (☎312-451-2700 ; www.tallshipwindy.com ; 600 E Grand Ave, Navy Pier ; circuits 1 heure-1 heure 15 adulte/enfant 30/10 $; ⏲mai-oct ; 🚌65). Une croisière relaxante à bord d'une goélette à quatre mâts.

Circuits à prix réduits

De nombreux prestataires proposent des réductions si vous réservez en ligne. D'ordinaire, les circuits organisés en plein air ont lieu entre avril et novembre.

Humour et arts de la scène

Chicago est le berceau du théâtre d'improvisation, genre où la ville excelle toujours. Côté scène traditionnelle, le Steppenwolf, où les stars de Hollywood viennent se produire, n'est qu'un des 200 théâtres de la ville. Nombre de productions s'exportent à Broadway, et d'autres se jouent dans les salles off du Loop. La musique symphonique est, elle aussi, mondialement acclamée.

BARRY BRECHEISEN / STRINGER/GETTY IMAGES ©

Impro

L'impro à l'américaine a vu le jour en 1955 dans un bar de Hyde Park avec les Compass Players, qui intégraient les suggestions du public à leur spectacle. Ils ont ensuite fondé Second City, et leur style de sketchs est devenu connu dans le monde entier. En photo ci-dessus : l'humoriste Marina Franklin en spectacle à Chicago.

Theater District

Le Theater District est un ensemble de salles de spectacles centenaires avec enseignes au néon. Ces théâtres, situés pour beaucoup dans State St et Randolph St, accueillent généralement de grandes productions.

Spectacles humoristiques

Second City Le bastion de l'improvisation. (p. 92)

iO Theater Grand palais de l'impro avec quatre théâtres. (p. 93)

Théâtre

Steppenwolf Theatre Plusieurs stars ont joué ici, dont Malkovich. (p. 92)

Goodman Theatre Excellentes pièces de théâtre américain. (p. 53)

Musique classique

Grant Park Orchestra Pour pique-niquer au Pritzker Pavilion. (p. 52)

Chicago Symphony Orchestra Orchestre réputé, notamment pour ses cuivres. (p. 53)

Bon plan

Sur **Hot Tix** (www.hotix.org), vous pourrez trouver des tickets à moitié prix pour des spectacles de la semaine en cours (+ 5-10 $ de frais de service)

Chicago en famille

STEVEGEER/GETTY IMAGES ©

Les féroces dinosaures du Field Museum, l'arche de Noé du Lincoln Park Zoo, les balades en bateau sur le lac et les plages de sable ont la faveur des enfants. Si l'on ajoute les aires de jeux, les balades à vélo et la multitude de pizzerias, une chose est sûre : Chicago est faite pour eux.

Sorties amusantes

Navy Pier Une balançoire qui tournoie, une grande roue, un carrousel et des bateaux. (p. 56)

Maggie Daley Park Terrains de jeux innovants, escalade et mini-golf. (photo ; p. 46)

Lincoln Park Zoo Des chimpanzés, des lions et une basse-cour pleine d'animaux à nourrir. (p. 88)

12th Street Beach Plage avec de petites vagues, idéales pour les petits nageurs. (p. 137)

Bobby's Bike Hike Location de vélos et circuits pour les enfants. (p. 150)

Musées

Chicago Children's Museum Les enfants ont ici mille occasions de fabriquer, grimper, inventer... (p. 60)

Peggy Notebaert Nature Museum Pour découvrir un jardin aux papillons, aux oiseaux et une mare aux grenouilles. (p. 89)

Museum of Science & Industry Les chercheurs en herbe pourront tester leur vocation à l'Idea Factory. (p. 142)

Field Museum of Natural History Dans le PlayLab, les petits participent à un chantier de fouille, où ils feront des trouvailles. (p. 130)

Pour les gourmands

RJ Grunts Burgers et milk-shakes près du zoo. (p. 85)

Gino's East Écrivez sur les murs en attendant votre pizza. (p. 63)

Bons plans pour les enfants

Pour connaître les événements adaptés aux enfants, consultez le *Chicago Parent* (www.chicagoparent.com) et Chicago Kids (www.chicagokids.com). Le "L" train et les bus publics sont gratuits pour les moins de 7 ans (tarif réduit pour les 7-11 ans).

LGBT+

La scène gay et lesbienne de Chicago est en plein boum. Au programme à Boystown, siège des fêtards, et Andersonville, quartier à l'ambiance décontractée : les Leather Archives & Museum et leurs accessoires osés, une partie de Twister grivoise lors d'une joyeuse foire de rue, des librairies gays ou une soirée avec go-go dancers en discothèque.

ROBERTO GALAN/GETTY IMAGES ©

Festivals

Le dernier dimanche de juin, la **Pride Parade** (photo ; www.chicagopride.com) est le grand événement du calendrier festif. Elle passe par Boystown et attire plus de 800 000 participants. Toujours à Boystown, les **Northalsted Market Days** (www.northalsted.com) voient pendant 2 jours à la mi-août des artisans installer leurs stands dans Halsted St, mais on vient surtout pour les drag-queens, les parties de Twister et les divas du disco sur la scène principale.

Fin mai, le concours **International Mr Leather** (www.imrl.com) réunit une foule d'hommes vêtus de cuir. Ateliers et fêtes se déroulent un peu partout en ville, mais la principale manifestation a lieu dans un hôtel ou une salle de spectacles.

Lieux

Big Chicks Bar gay réputé le plus accueillant de Chicago. (p. 103)

Second Story Bar avec boule disco dans le centre ; espèces uniquement. (p. 64)

Roscoe's Tavern Pilier de Boystown avec bar sans chichis à l'avant et discothèque à l'arrière. (p. 101)

Événements gays

- Le site Web de l'hebdomadaire LGBT *Windy City Times* (www.windycitymediagroup.com) est le meilleur répertoire d'événements et d'activités gays.

- La piste du **Berlin** (p. 101) est au cœur de la fête jusqu'au petit matin, et ce depuis plus de trois décennies.

Chicago en 4 jours

1er jour

BITKIZ/SHUTTERSTOCK ©

Une visite guidée, en bateau ou à pied, avec la **Chicago Architecture Center** (p. 46) afin d'admirer l'impressionnante collection de gratte-ciel. À **Millennium Park** (photo ; p. 34), regardez la silhouette des buildings se refléter sur le "Bean", rafraîchissez-vous à la Crown Fountain.

Découvrez ensuite les chefs-d'œuvre de l'**Art Institute of Chicago** (p. 38). Une fois transporté à toute allure au 103e niveau de la **Willis Tower** (p. 40), faites monter l'adrénaline en marchant sur la corniche à sol vitré.

L'ambiance se fait festive le soir dans le West Loop. Offrez-vous quelques bulles dans le patio du **RM Champagne Salon** (p. 126) ou un cocktail à base de vodka maison à la **CH Distillery** (p. 125).

2e jour

FRASER HALL/GETTY IMAGES ©

Remontez le **Magnificent Mile** (p. 60), au fil de ses magasins. Parcourez les 800 m de promenade du **Navy Pier** (p. 56), puis embarquez sur la grande roue.

Consacrez l'après-midi au Museum Campus. Vous verrez des pierres précieuses et des dinosaures au **Field Museum** (p. 130) ou encore des requins et autres poissons au **Shedd Aquarium** (p. 136). L'**Adler Planetarium** (p. 136) permet, lui, d'observer météorites et supernovas.

Une balade dans Milwaukee Ave vous fera découvrir une foule de bars, de clubs de rock indé et de boutiques branchées, comme la librairie underground **Quimby's** (p. 112). Pour un concert, direction le **Hideout** (p. 111) ou l'**Empty Bottle** (p. 112).

3e jour

D GUEST SMITH/SHUTTERSTOCK ©

Après avoir fait trempette dans le lac Michigan à **North Avenue Beach** (photo ; p. 88), baladez-vous au verdoyant **Lincoln Park** (p. 82), en direction du nord. Une halte au **Lincoln Park Zoo** (p. 88) vous permettra de voir de près lions, zèbres et ours polaires. Des plantes et des fleurs exotiques vous attendent au **Lincoln Park Conservatory** (p. 89).

Poursuivez vers le nord jusqu'au **Wrigley Field** (p. 96), pour assister à un match de base-ball l'après-midi. Vous pourrez ensuite perfectionner votre frappe au **Sluggers** (p. 100), un des nombreux bars chahuteurs des environs du stade.

Cap ensuite sur Uptown et le **Green Mill** (p. 103), un lieu intemporel où écouter du jazz, ou boire un martini.

4e jour

JOE HENDRICKSON/SHUTTERSTOCK ©

Au Sud de Hyde Park, le **Museum of Science & Industry** (photo ; p. 142) permet de passer d'un sous-marin allemand à une ravissante maison de poupées et de comprendre le fonctionnement d'une tornade. Les fans d'architecture découvriront, eux, la **Robie House** (p. 144), de Frank Lloyd Wright.

Regagnez ensuite le quartier de Gold Coast pour les magasins de luxe, et les œuvres étonnantes du **Museum of Contemporary Art** (p. 70). Prenez de la hauteur grâce à l'observatoire du **360° Chicago** (p. 68), au 94e niveau.

Logan Square ne manque pas de lieux de sorties. Goûtez aux fameuses bières de la **Revolution Brewing** (p. 115), puis voyez quel groupe indé se produit au **Whistler** (p. 115).

Les basiques

Pour plus de renseignements, consultez le *Carnet pratique* (p. 147).

Monnaie
Dollar US ($)

Langue
Anglais

Visas
Pas de visa nécessaire pour un séjour de moins de 90 jours, mais une autorisation de séjour (ESTA) à remplir pour les Français, Suisses et Belges (voir p. 154 pour plus d'informations). Les Canadiens peuvent séjourner 6 mois aux États-Unis avec un passeport valide.

Argent
Les DAB sont très répandus, et les cartes bancaires très souvent acceptées.

Heure locale
Heure du Centre (GMT/UTC moins 6 heures).

Pourboire
Obligatoire. Au restaurant : 18 à 20% de l'addition ; barmen : 1 à 2 $ par boisson ; personnel de chambre : 2 à 5 $/jour ; chauffeurs de taxi : 10 à 15%.

Budget quotidien

Moins de 125 $

Lit en dortoir : 35-55 $

Formules déjeuner : 10-15 $

Pass métro journalier : 10 $

Tarif réduit au théâtre ou dans un club de blues : 10-25 $

De 125 à 325 $

Chambre double (hôtel ou B&B) : 175-275 $

Dîner dans un restaurant informel : 25-35 $

Excursion fluviale sur l'architecture : 47 $

Gradins pendant un match des Cubs : 45-65 $

Plus de 325 $

Chambre double en hôtel de luxe : 400 $

Dîner à l'Alinea : 290 $

Place au Lyric Opera : 200 $

À prévoir

Deux mois avant Réservez votre hôtel et votre table dans les restaurants tendance, comme Alinea ou Girl & the Goat.

Deux semaines avant Réservez pour les autres restaurants, et achetez vos billets pour les matchs et les expositions des musées.

Une semaine avant Consultez www.hottix.org pour des spectacles à moitié prix. Listes des lieux de divertissements et réservations sur www.chicagoreader.com.

Arriver à Chicago

Aéroport international O'Hare

La ligne bleue du métro ("El train", 5 $) circule 24h/24 et 7 jours sur 7, avec des départs toutes les 10 minutes environ. Comptez 40 minutes jusqu'au centre-ville. Le trajet en van collectif revient à 35 $, le taxi autour de 50 $.

Aéroport international Midway

La ligne orange du métro "L train" (3 $) circule de 4h à 1h, avec des trains toutes les 10 minutes environ. Trajet de 30 minutes jusqu'au centre-ville. Comptez 28 $ en van collectif, 35-40 $ en taxi.

Union Station

Tous les trains arrivent ici. La station Clinton de la ligne bleue se trouve à quelques rues au sud ; la station des lignes marron, orange, violette et rose à Quincy se situe 800 m à l'est. Des taxis attendent devant l'entrée de la gare.

Comment circuler

Métro (L train)

Le L train (photo) est rapide et fréquent. La ligne rouge et la ligne bleue circulent 24h/24, les autres circulent entre 4h et 1h. Pass journée : 10 $.

Bus

Les bus, qui couvrent les zones moins bien desservies par le "L", circulent pour la plupart de l'aube jusqu'à 22h, voire plus tard. Certaines lignes ne sont pas en service le week-end.

Taxi

Vous trouverez facilement un taxi en centre-ville, vers le nord jusqu'à Andersonville et vers l'ouest jusqu'à Wicker Park/Bucktown.

Bateau

Des bateaux-taxis sillonnent la rivière et les berges du lac.

Vélo

Les boutiques de location et les bornes Divvy abondent.

MLENNY/GETTY IMAGES ©

Les incontournables de Chicago

Lake View et Wrigleyville (p. 95)
Fans de base-ball et fêtards se retrouvent dans les nombreux bars très animés du quartier, surtout à Boystown, réputé pour ses clubs débridés.

Wrigley Field

Lincoln Park et Old Town (p. 81)
Plages, zoo, bons restaurants et belles boutiques foisonnent à Lincoln Park. Pour l'humour, direction Second City, à Old Town.

Wicker Park, Bucktown et Ukranian Village (p. 105)
Peu de sites touristiques, mais vous passerez la journée à faire du shopping, et la soirée à écumer restaurants, bars et nombreux clubs de rock.

Willis To

West Loop et Near West Side (p. 117)
Les restaurants bondés de grands chefs et les bars branchés sont la marque de fabrique de Near West Side, qui abrite aussi des enclaves grecque et italienne ainsi que des galeries d'art animées.

Gold Coast (p. 67)
Fourrures et Rolls Royces sont omniprésentes, tout comme les boutiques chics et les bars à cocktails.

Near North et Navy Pier (p. 55)
Boutiques, restaurants, hôtels, galeries d'art, fête foraine et balades en bateau... Un quartier très dense.

Le Loop (p. 33)
Nœud des affaires et des loisirs à Chicago, émaillé de gratte-ciel.

Pilsen et Near South Side (p. 129)
Au bord du lac, le Museum Campus réserve pléthore de curiosités intéressantes. Chinatown s'agite non loin, tandis que Pilsen promet *taquerías* et repaires branchés.

Explorer Chicago

Vaut le détour

Promenades à pied

Museum of Science & Industry à Jackson Park (p. 143)

Explorer

Le Loop

Tirant son nom des voies ferrées surélevées qui le cernent, l'animé quartier du Loop est composé de rues ponctuées de gratte-ciel, dont certains abritent l'Art Institute, la Willis Tower, le Theater District et le Millennium Park. Ses grands espaces verts rassemblent les foules lors d'importants festivals.

Notre sélection

- ***Millennium Park (p. 34)***. *Cours de yoga matinaux, la Crown Fountain pour se rafraîchir et des concerts nocturnes gratuits et en plein air sur une scène réalisée par Frank Gehry, dans ce parc parsemé d'œuvres d'art.*
- ***Art Institute of Chicago (p. 38)***. *Des pièces de maîtres tels que Monet et Renoir... D'agréables surprises aussi, avec, notamment, les salles miniatures.*
- ***Chicago Architecture Center (p. 46)***. *En bateau ou à pied, on se passionne pour l'ingéniosité des bâtisseurs de gratte-ciel.*
- ***Willis Tower (p. 40)***. *Les vertigineuses plateformes d'observation en verre, perchées à des centaines de mètres d'altitude.*
- ***Chicago Cultural Center (p. 47)***. *Expositions artistiques gratuites, concerts et plus grand dôme en vitrail Tiffany au monde.*

Comment y aller et circuler

M Toutes les lignes passent par le Loop. Clark/Lake propose beaucoup de correspondances. Washington/Wabash est le plus proche des parcs ; Quincy dessert la Willis Tower.

À Chicago, le tarif des parcmètres est de 6,50 $/heure. Pour les parkings, comptez 40 $/jour ; le Millennium Park Garage est l'un des moins chers.

Plan du quartier p. 44

Rames du métro L circulant sur le Loop CITTADINODELMONDO/GETTY IMAGES ©

Les incontournables

Millennium Park

Le joyau de Chicago brille par sa fantaisie. Par où commencer, entre le très design Pritzker Pavilion, grand scarabée métallique de Frank Gehry, la Crown Fountain de Jaume Plensa, avec ses gargouilles humaines, ou le Cloud Gate, une sculpture argentée d'Anish Kapoor ? À moins que vous ne préfériez un endroit plus tranquille comme le Lurie Garden, parsemé de fleurs sauvages ? Les concerts estivaux et la patinoire hivernale animent joyeusement les lieux.

PLAN P. 44, F3

312-742-1168

www.millenniumpark.org

201 E Randolph St

6h-23h

M Lignes marron, orange, verte, violette ou rose, arrêt Washington/Wabash

Magic Bean – Haricot magique

La principale curiosité du parc est le Cloud Gate, surnommé "the Bean" ("le haricot"), une sculpture en forme de goutte argentée de 110 tonnes réalisée par Anish Kapoor. On se bouscule pour prendre une photo ou caresser sa surface polie qui réfléchit le ciel et les gratte-ciel alentour. Les meilleurs points de vue se situent à ses extrémités nord et sud. Pour avoir une vue d'ensemble, grimpez les marches sur Washington Street, côté nord du café Park Grill, où sont installés des bancs à l'ombre.

Crown Fountain

La Crown Fountain (photo ; p. 36) de Jaume Plensa attire une foule de gens qui viennent s'y rafraîchir en s'éclaboussant. Les enfants adorent ! Ses deux blocs rectangulaires de 15 m de haut en brique de verre font défiler les visages d'un millier d'habitants de Chicago ayant accepté d'être filmés en prenant soin de rester immobiles. De la bouche de chaque visage jaillit un jet d'eau. L'hiver, la fontaine ne coule pas et on y projette un jeu de visages différent.

Pritzker Pavilion

Ce kiosque à musique géant ouvert sur la pelouse du Millennium Park possède une très bonne acoustique. Sous sa structure argentée en forme de vagues signée Frank Gehry, le pavillon accueille des concerts gratuits à 18h30 plusieurs soirs par semaine de juin à août. On y joue du rock indépendant, de la world, du jazz et du classique. Le mardi, il y a souvent des projections de films sur écran géant. On peut s'asseoir sur les sièges au niveau du pavillon (pensez à arriver tôt !) ou directement sur la pelouse de Great Lawn à l'arrière.

Pour toutes les représentations – et surtout pour les concerts classiques du remarquable Grant Park Orchestra –, chacun apporte

★ À savoir

- L'été, des activités gratuites pour les enfants sont proposées sous la Family Fun Tent, à l'angle nord-ouest du parc, chaque jour entre 10h et 14h : art, artisanat et jeux.
- Vous trouverez buvettes et toilettes près du café-terrasse/patinoire sur Michigan Ave.
- Des visites gratuites du parc (à 11h30 et 13h tous les jours, de fin mai à mi-octobre) partent du hall du Chicago Cultural Center.

✕ Une petite pause ?

Commandez un burger et un milkshake bien épais au **Shake Shack** (☎312-646-6005 ; www.shakeshack.com ; 12 S Michigan Ave ; burgers 5-10 $; ⌚11h-23h), sur Michigan Ave, ou une viennoiserie et un café au lait chez Toni Patisserie & Cafe (p. 52).

sa couverture, son pique-nique et de quoi boire. Rien de tel que de s'asseoir sur la pelouse et d'observer les immenses gratte-ciel à travers le chaos formé par les arceaux de Gehry, une spectaculaire toile de fond où la musique s'élève. Plus d'informations sur www.grantparkmusicfestival.com.

Jardin secret

S'il y a trop de monde au Bean, à la Crown Fountain ou au Pritzker Pavilion, réfugiez-vous au paisible **Lurie Garden** (www.luriegarden.org ; 6h-23h ; M Lignes marron, orange, verte, violette ou rose, arrêt Randolph), dont les plantes indigènes rendent hommage à la Grande Prairie américaine. Les visiteurs ratent souvent cet endroit car il est dissimulé derrière une haute haie. Jonquilles, jacinthes des poètes et autres jolies fleurs, tout est cultivé sans produits chimiques. Un cours d'eau traverse cette oasis de 2 ha et les gens se déchaussent pour y tremper leurs pieds.
De mi-mai à mi-septembre, des guides bénévoles assurent des visites gratuites du jardin les jeudis et vendredis de 11h à 13h15, et le dimanche de 11h à 14h15. Ces tours d'environ 20 minutes partent toutes les 15-20 minutes. Pas besoin de réserver : présentez-vous simplement à l'extrémité sud de la promenade de planches.

BP Bridge et Nichols Bridgeway

En plus du Pritzker Pavilion, Frank Gehry a conçu le BP Bridge (photo ; p. 34), qui enjambe Colombus

La *Crown Fountain* de Jaume Plensa (p. 35)

Drive. Cette étincelante passerelle relie le Millennium Park (depuis l'arrière de la pelouse) au Maggie Daley Park (p. 46) où pratiquer de nombreuses activités, dont le patinage et l'escalade. Le pont offre une vue imprenable sur les gratte-ciel.

Le Nichols Bridgeway fait également le bonheur des piétons. Cette belle passerelle métallique de Renzo Piano s'étend, au-dessus de Monroe Street, du parc au jardin de sculptures contemporaines (en accès libre) situé au 3e niveau de l'Art Institute. C'est d'ailleurs Piano qui a conçu la *Modern Wing* ("aile moderne") du musée où est situé ce jardin.

Vélo et patinage

Le McDonald's Cycle Center, situé au coin nord-est du parc, près du croisement entre Randolph St et Colombus Drive, est le principal parc de stationnement de vélos, avec plus de 300 places (ainsi que des douches !). Bike & Roll (p. 150) y loue par ailleurs VTT, vélos pour enfants, hybrides et tandems. Entre le Bean et les lumières scintillantes de Michigan Avenue, la McCormick Tribune Ice Rink se peuple de patineurs en hiver : ouverte de fin novembre à fin février, c'est de loin la plus belle patinoire de Chicago ! L'entrée est gratuite et la location de patins coûte de 13 à 15 $ (et plus le week-end). En été, la patinoire devient le café de plein air du Park Grill.

L'histoire du parc

À l'origine, le Millennium Park devait être inauguré en 2000, d'où son nom. Les retards du chantier et les coûts imprévus en reportèrent l'ouverture, et le projet semblait voué à l'échec, car le budget initial de 150 millions de dollars était largement dépassé. La facture s'éleva finalement à 475 millions de dollars, et 200 millions de dollars de dons privés furent nécessaires à l'achèvement du parc.

Wrigley Square

Le Wrigley Square est une vaste place à l'angle de Michigan Ave et de Randolph St. S'y dresse le Millennium Monument, édifice de style grec, réplique d'un péristyle original présent entre 1917 et 1953. La ligne semi-circulaire de ses colonnes doriques s'élève à plus de 12 m. Il tranche avec les autres monuments modernes du parc, mais son rôle est de relier le présent et le passé. La place s'ouvre sur une pelouse où il fait bon se prélasser.

Les incontournables

Art Institute of Chicago

L'Art Institute, deuxième plus grand musée du pays, renferme des trésors venus du monde entier, parmi lesquels une importante collection de peintures impressionnistes et postimpressionnistes et un nombre d'œuvres surréalistes considérable. La Modern Wing éblouit à coups de Picasso et de Miró, tandis qu'estampes japonaises, urnes de la Grèce antique et armures jalonnent les innombrables autres salles.

PLAN P. 44, E4
312-443-3600
www.artic.edu
111 S Michigan Ave
adulte/enfant 25 $/gratuit
10h30-17h ven-mer, 10h30-20h jeu
M Lignes marron, orange, verte, violette ou rose, arrêt Adams

Œuvres à voir : 2e niveau

Commencez par le tableau pointilliste de Seurat *Un dimanche après-midi à l'île de la Grande Jatte* (Galerie 240) ; deux longues années furent nécessaires à l'artiste pour le réaliser. *La Chambre de Van Gogh à Arles* est exposée dans la Galerie 241. *Les Meules* (Galerie 243) de Claude Monet font partie de la série qui lança sa carrière en 1891. Ensuite, partez à la recherche du tableau cultissime d'Edward Hopper *Nighthawks* (Galerie 262). Cet instantané dépeint quatre personnages esseulés sous la lumière blafarde du néon d'un *diner*. Quant à Grant Wood, ce sont les traits de sa sœur et de son dentiste qu'il donna aux deux paysans à l'air sévère de son célèbre tableau *American Gothic* (Galerie 263).

Œuvres à voir : 1er et 3e niveaux

Marc Chagall réalisa l'immense vitrail bleu *America Windows* (Galerie 144) pour commémorer le bicentenaire de l'indépendance des États-Unis. À voir également, la silhouette tout en longueur du *Vieux Guitariste* de Pablo Picasso (Galerie 391) illustrant la fameuse période bleue du peintre, mais aussi la misère qui marqua ses premières années d'artiste à Paris. Salvador Dalí, lui, peignit son *Invention des Monstres* (Galerie 396) en Autriche à la veille de l'Anschluss : le titre renvoie à une prédiction de Nostradamus selon laquelle l'apparition de monstres est le prélude à la guerre.

Curiosités

Au niveau inférieur, la collection de pièces miniatures de Thorne (Galerie 11) et la collection des presse-papiers (Galerie 15) sont très intéressantes. Dans la lumineuse Modern Wing, l'exposition au long cours "The New Contemporary" (Galeries 288 et 290-299) présente des œuvres phares d'Andy Warhol, Roy Lichtenstein et Jasper Johns.

★ À savoir

- Comptez 2 heures pour voir les œuvres phares du musée, et plus de temps pour une visite approfondie.
- On peut acheter ses billets en ligne à l'avance (supplément de 2 $), mais cela n'est nécessaire que lorsqu'une exposition incontournable est présentée.
- Une fois à l'intérieur, renseignez-vous sur les visites guidées et les conférences gratuites.
- Téléchargez l'appli mobile gratuite du musée. Elle comprend des audioguides (en anglais) pour plusieurs itinéraires de visite.

Une petite pause ?

Le gastropub The Gage (p. 50) sert une cuisine éclectique à marier avec un bon choix de bières et de whiskys. Pour prendre un verre dans un lieu historique (1898) de Chicago, rendez-vous au Berghoff (p. 50).

Les incontournables

Willis Tower

La plus haute tour de Chicago, la Willis Tower, s'élève à 442 m. Construite en 1973 sous le nom de Sears Tower, elle est restée pendant presque 25 ans la plus haute tour du monde. Bien qu'aujourd'hui détrônée, elle offre néanmoins une vue fabuleuse depuis son point d'observation (Skydeck) au 103e niveau. Sur les balcons de verre, les pieds au-dessus du vide, vous risquez de sentir vos jambes trembler.

PLAN P. 44, B4

312-875-9696

www.theskydeck.com

233 S Wacker Dr

adulte/enfant 24/16 $

9h-22h mars-sept, 10h-20h oct-fév

M Lignes marron, orange, violette ou rose, arrêt Quincy

Quelques chiffres

Avant de monter au sommet, on peut lire les informations-clés de la tour sur des panneaux muraux et visionner une vidéo explicative dévoilant les secrets des 69 000 km de câbles téléphoniques et des 2 232 marches que comprend l'édifice. En 70 secondes, l'ascenseur vous hissera au sommet. De là, toute la ville s'étend à vos pieds. Lorsque le ciel est dégagé, on voit jusqu'à 80 km, c'est-à-dire jusqu'aux États voisins de l'Indiana, du Michigan et du Wisconsin.

Architecture

C'est un paquet de cigarettes qui a inspiré à l'architecte Fazlur Khan cette silhouette de neuf tubes rectangulaires. Les tours Petronas (Malaisie) lui ravirent le titre de "plus haute tour du monde" en 1996, et le One World Trade Center (New York) celui de "plus haute tour des États-Unis" en 2013.

Les balcons

Les quatre balcons, corniches de verre suspendues le long de la tour, se trouvent sur le côté ouest du Skydeck. S'il n'y a pas trop de monde, vous pourrez prendre une superbe photo avec un cadrage des plus insolites. Et pas d'inquiétude : vous pouvez faire confiance aux 4,8 cm d'épaisseur du verre !

Du nouveau

La Willis Tower a été récemment rachetée, et son nouveau propriétaire a annoncé son intention d'agrandir le Skydeck et d'enrichir son offre, bien qu'il n'y ait rien d'officiel pour le moment. Peut-être pourra-t-on bientôt descendre en rappel du 103e au 102e niveau à l'intérieur d'une cage vitrée ou se balader le long d'une corniche transparente ? À suivre...

★ À savoir

- En période d'affluence l'été (11h-16h, ven-dim), l'attente peut être de plus d'une heure.
- Pour gagner du temps, on peut acheter les billets en ligne ; supplément de 2 $/billet.
- L'entrée se fait sur Jackson Blvd où l'on passe les contrôles de sécurité. Ensuite, direction la billetterie au niveau inférieur.
- Demandez au personnel à l'entrée ou à la billetterie de se renseigner auprès du Skydeck sur les conditions de visibilité.

✕ Une petite pause ?

Le Revival Food Hall (p. 49) accueille de bonnes enseignes de restauration rapide, et l'on peut y prendre un cocktail.

Le Native Foods Cafe (p. 49) propose des plats végétaliens et des vins bio du monde.

Promenade à pied

L'art et l'architecture du Loop

Oubliez les cartes postales du commerce : chaussures confortables aux pieds et appareil photo en main, vous réaliserez vous-même les plus beaux clichés de cette ville au charme certain. Vous sillonnerez le Loop, traverserez la Chicago River et rencontrerez en chemin les plus beaux édifices historiques et œuvres publiques notables de Chicago.

La promenade

Départ Chicago Board of Trade (M Lignes marron, orange, violette ou rose, arrêt La Salle)

Arrivée Tribune Tower (M Ligne rouge, arrêt Grand)

Distance 4,8 km

Durée 2 heures environ

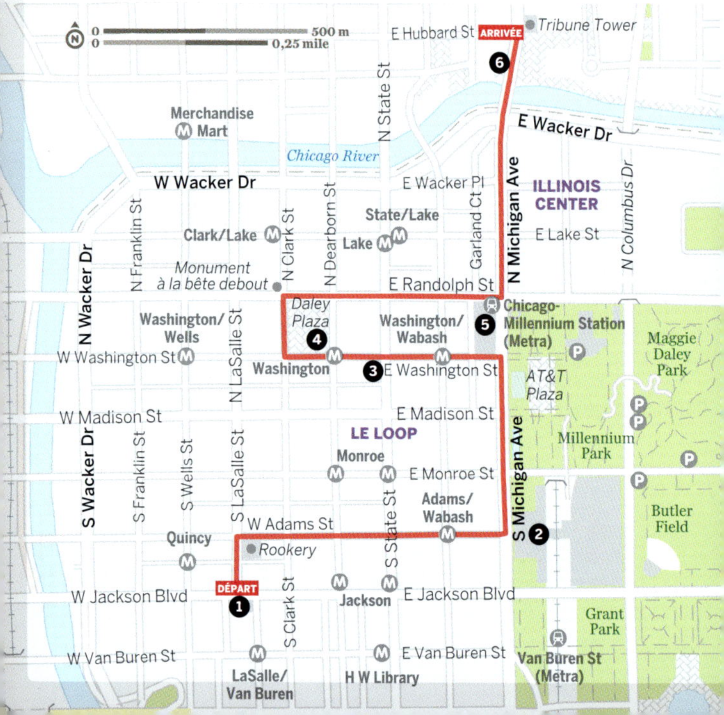

❶ Chicago Board of Trade et Rookery

Partez du **Chicago Board of Trade** (141 W Jackson Blvd), la Bourse du commerce, établie en 1848 pour le commerce du blé et d'autres produits agricoles. Le superbe bâtiment Art déco date, lui, de 1930 et est couronné d'une statue de Cérès, déesse romaine de l'agriculture. Non loin, le **Rookery** (☎312-994-4000 ; www.flwright.org ; 209 S LaSalle St ; ⏲9h-17h lun-ven) présente l'œuvre de deux célèbres architectes de Chicago. Bâti en 1888 par Daniel Burnham, ce monumental édifice en brique était doté d'un atrium central optimisant la lumière et la circulation de l'air. Frank Lloyd Wright a redessiné le vestibule 19 ans plus tard.

❷ Art Institute of Chicago et Millennium Park

Vers l'est sur W Adams St, gagnez l'**Art Institute** (p. 38), un musée d'art exceptionnel, dont l'entrée est gardée par des lions de bronze. Directement au nord s'étend le **Millennium Park** (p. 34), un parc abritant des œuvres avant-gardistes de figures internationales comme Frank Gehry et Anish Kapoor.

❸ Reliance Building

À deux rues vers l'ouest sur E Washington St se dresse le **Reliance Building** (1 W Washington St) de 1895, autre création de Burnham, innovante pour sa façade blanche en terre cuite et ses grandes fenêtres. Cet hôtel huppé accueillit jadis des cabinets médicaux : le dentiste d'Al Capone exerçait dans la chambre 809.

❹ Picasso et Dubuffet

Une rue plus à l'ouest, on découvre une **sculpture sans nom** (50 W Washington St) de Pablo Picasso. Son auteur ne précisa jamais ce qu'elle représentait... Ange, chien, babouin ? À vous de juger. Une autre sculpture énigmatique trône au nord-ouest : le **Monument à la bête debout** (100 W Randolph St) de Jean Dubuffet.

❺ Chicago Cultural Center

En prenant E Randolph St vers l'est, vous arriverez au **Chicago Cultural Center** (p. 47), joyau des beaux-arts. Il renferme le plus grand dôme en vitrail Tiffany du monde (vous assisterez peut-être à un concert au passage).

❻ Wrigley Building et Tribune Tower

Traversez la Chicago River au nord pour rejoindre enfin les deux plus célèbres édifices de la ville : l'éclatant **Wrigley Building** (p. 61), en terre cuite, et la **Tribune Tower** (p. 60), tour de style néogothique dont la base contient des fragments d'édifices notables du monde (mur de Berlin, Taj Mahal). Vous pourrez ensuite explorer les quartiers Near North et Navy Pier.

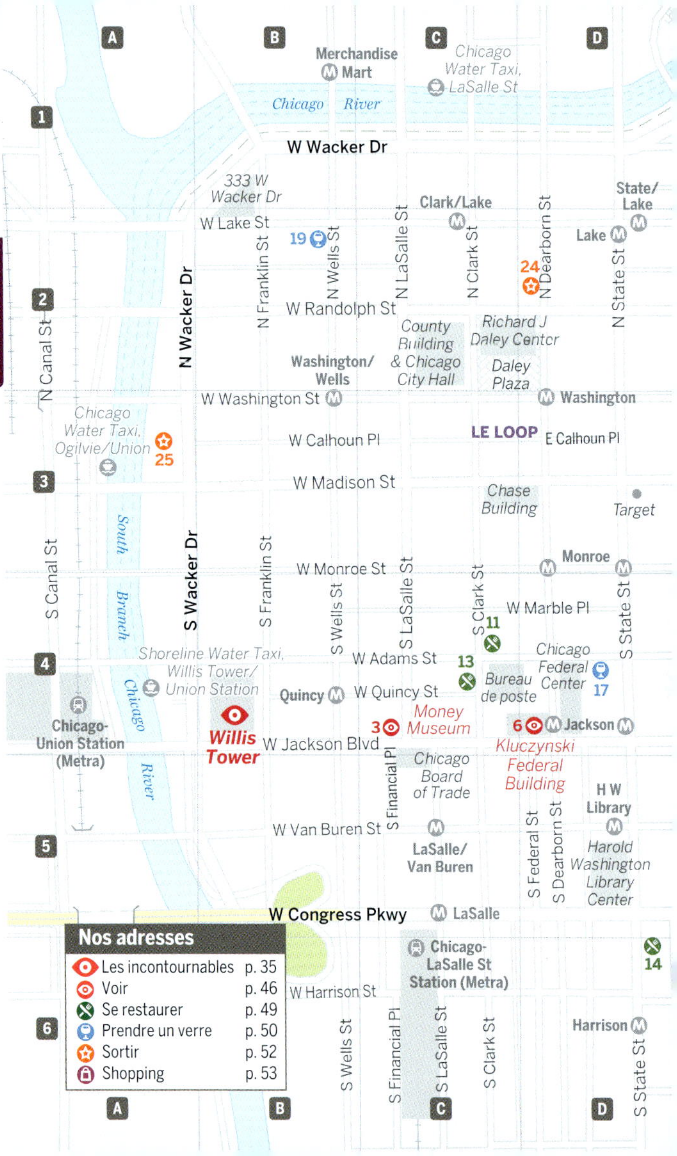
A
B
C
D
1
2
3
4
5
6
Merchandise Mart
Chicago Water Taxi, LaSalle St
Chicago River
W Wacker Dr
333 W Wacker Dr
W Lake St
19
Clark/Lake
State/Lake
Lake
24
N Canal St
N Wacker Dr
N Franklin St
N Wells St
N LaSalle St
N Clark St
N Dearborn St
N State St
W Randolph St
County Building & Chicago City Hall
Richard J Daley Center
Daley Plaza
Washington/Wells
W Washington St
Washington
Chicago Water Taxi, Ogilvie/Union
25
W Calhoun Pl
LE LOOP
E Calhoun Pl
W Madison St
Chase Building
Target
South Branch
S Canal St
S Wacker Dr
S Franklin St
S Wells St
S LaSalle St
S Clark St
S State St
W Monroe St
Monroe
W Marble Pl
11
Shoreline Water Taxi, Willis Tower/ Union Station
W Adams St
13
Chicago Federal Center
17
Bureau de poste
Quincy
W Quincy St
Chicago Union Station (Metra)
Chicago River
Willis Tower
3
Money Museum
6
Jackson
W Jackson Blvd
Kluczynski Federal Building
S Financial Pl
Chicago Board of Trade
H W Library
W Van Buren St
LaSalle/ Van Buren
S Federal St
S Dearborn St
Harold Washington Library Center
W Congress Pkwy
LaSalle
Chicago-LaSalle St Station (Metra)
14
W Harrison St
Harrison
Nos adresses
Les incontournables p. 35
Voir p. 46
Se restaurer p. 49
Prendre un verre p. 50
Sortir p. 52
Shopping p. 53

E
F
G
H
Riverwalk
10
E Wacker Dr
Chicago River
1
Chicago
Architecture
Center
0
0
200 m
0,1 mile
1
American Writers
Museum
N Wabash Ave
N Stetson Ave
2
Aqua
Tower
Lake Shore
East Park
12
9
N Michigan Ave
E Lake St
Chicago-
Millennium
Station
(Metra)
Bike & Roll
2
E Randolph St
E Randolph St
Chicago
Cultural
Center
5
Wrigley
Square
Jay Pritzker
Pavilion
21
N Columbus Dr
E Washington
St
20
Washington/
Wabash
AT&T
Plaza
4
Maggie Daley
Park
N Lake Shore Dr
Millennium
Park
3
E Madison St
18
15
16
E Monroe St
E Monroe St
Panneau
de la Route 66
Millennium
Park Garage
Butler
Field
8
E Adams St
Art Institute
of Chicago
Adams/
Wabash
23
Petrillo
Music Shell
Promenade du lac
4
E Jackson Blvd
S Wabash Ave
S Michigan Ave
Grant
Park
Van Buren St
(Metra)
S Columbus Dr
Grant Park
S Lake Shore Dr
Lac
Michigan
E Van Buren St
5
Buckingham
Fountain
E Congress Pkwy
7
E Harrison St
SummerDance
S Wabash Ave
26
6
E Balbo Ave
22
E
F
G
H
Le Loop

Voir

Chicago Architecture Center
MUSÉE

1 PLAN P. 44, E1

Le CAC est le principal gardien de la flamme architecturale de Chicago. Ses excellentes galeries comportent une miniature 3D et interactive de la ville, des présentations sur l'histoire de l'architecture à Chicago et des maquettes géantes ainsi que des expositions autour des gratte-ciel. Le CAC possède aussi toute une liste de circuits à pied ou en bateau (p. 20 ; réservation sur place). (CAC ; 312-922-3432 ; www.architecture.org ; 111 E Wacker Dr ; tarif plein/étudiant/enfant 12/8 $/gratuit ; 9h30-17h ; 151, M Lignes marron, orange, verte, violette ou rose, arrêt Clark/Lake)

Aqua Tower
ARCHITECTURE

2 PLAN P. 44, F1

Lors de son ouverture en 2009, cette tour de 86 étages a fait des vagues. Jeanne Gang, installée à Chicago, en est l'architecte (elle a aussi conçu sa future voisine, la Vista Tower, prévue pour 2020 et qui devrait la dépasser avec ses 93 étages). De remarquables balcons ondulés s'élancent du cœur de l'édifice en vaguelettes blanches entrecoupées de "flaques" scintillantes, faites de verre réfléchissant. Le Radisson Blu Aqua Hotel occupe les niveaux 1 à 18, tandis que les étages restants hébergent appartements et bureaux à plusieurs millions de dollars. (225 N Columbus Dr ; M Lignes marron, orange, verte, violette ou rose, arrêt State/Lake)

Money Museum
MUSÉE

3 PLAN P. 44, C4

Petite visite amusante de la Réserve fédérale de Chicago. Vous y découvrirez un cube de verre géant rempli d'un million de billets de 1 $ (environ 900 kg !), y apprendrez comment distinguer les vrais billets des faux ou pourquoi on appelle le billet de 1 000 $ un "grand". N'oubliez pas la photo souvenir avec la mallette à 1 million de dollars. (312-322-2400 ; www.chicagofed.org ; 230 S LaSalle St ; gratuit ; 8h30-17h lun-ven ; M Lignes marron, orange, violette ou rose, arrêt Quincy)

Maggie Daley Park
PARC

4 PLAN P. 44, G3

Les familles plébiscitent les aires de jeux gratuites de ce parc sur le thème de la forêt enchantée et des pirates. On y trouve aussi un mur d'escalade, un minigolf 18 trous, une piste de roller sinueuse (qui devient une patinoire l'hiver) et des courts de tennis ; ces dernières activités sont payantes. Nombreuses tables de pique-nique. Le BP Bridge (p. 36) permet aux piétons de rallier le Millennium Park. (www.maggiedaleypark.com ; 337 E Randolph St ; 6h-23h ; ; M Lignes marron, orange, verte, violette ou rose, arrêt Washington/Wabash)

Chicago Cultural Center

CENTRE CULTUREL

5 PLAN P. 44, E2

Ce merveilleux édifice de style Beaux-Arts était, à son inauguration en 1897, la bibliothèque publique de Chicago. Occupant tout un pâté de maisons, il sert aujourd'hui d'écrin à d'excellentes expositions d'art (en particulier la Yates Gallery, au 4e niveau), ainsi qu'à des concerts classiques à l'heure du déjeuner le mercredi (12h15). Vous y admirerez aussi le plus grand dôme en vitrail Tiffany au monde (au 3e niveau), là où se trouvait le comptoir de prêt de la bibliothèque. Les visites guidées du Loop avec InstaGreeter (p. 20) partent d'ici, du hall côté Randolph St, tout comme celles du Millennium Park. Et tout est gratuit ! (312-744-6630 ; www.chicagoculturalcenter.org ; 78 E Washington St ; gratuit ; 10h-19h lun-ven, 10h-17h sam-dim ; M Lignes marron, orange, verte, violette ou rose, arrêt Washington/Wabash)

Kluczynski Federal Building

ARCHITECTURE

6 PLAN P. 44, D4

On peut difficilement parler de la célèbre architecture du Loop sans mentionner le style carré de Ludwig Mies Van der Rohe, dont les conceptions de métal et de verre, sobres au possible, ont servi d'étalon aux gratte-ciel modernes. Le Kluczynski Building, bâtiment du **Chicago Federal Center** (1974), en est la parfaite illustration. Il arbore les espaces géométriques ouverts

Plafond en vitrail Tiffany, Chicago Cultural Center

et les poutrelles en I qu'affectionnait van der Rohe. (230 S Dearborn St ; M Ligne bleue, arrêt Jackson)

Buckingham Fountain FONTAINE

7 PLAN P. 44, G5

La pièce maîtresse de Grant Park est l'un des plus grands jets d'eau du monde, avec une capacité de 5,7 millions de litres et des jets aussi hauts qu'un immeuble de 15 étages. La fontaine fonctionne à l'heure pile, de 9h à 23h, de début mai à mi-octobre avec des sons et lumières le soir. (301 S Columbus Dr ; M Ligne rouge, arrêt Harrison)

Panneau de la Route 66 SITE HISTORIQUE

8 PLAN P. 44, E4

La Route 66, qui court sur 3 860 km jusqu'à Los Angeles, commence à Chicago. Le panneau indiquant le début de cette route mythique, ponctuée d'enseignes lumineuses, de motels familiaux et de *diners* servant café et tourtes, est au nord-ouest d'Adam St, à l'intersection avec Michigan Ave, en face de l'Art Institute. (Un autre est visible à l'intersection suivante, mais il s'agit d'une réplique). (E Adams St, entre S Michigan Ave et Wabash Ave ; M Lignes marron, orange, verte, violette ou rose, arrêt Adams)

American Writers Museum MUSÉE

9 PLAN P. 44, E2

Les bibliophiles passeront un grand moment dans ce musée, un hommage aux écrivains américains de toutes les époques, d'Edgar Allan Poe à Elie Wiesel en passant par James Baldwin et Edith Wharton. Ses expositions interactives s'intéressent à la voix de l'Amérique dans la non-fiction et la littérature à travers l'histoire, et certaines plumes sont temporairement mises à l'honneur. Une autre exposition présente conseils et exercices d'écriture (ainsi que d'anciennes machines à écrire). La galerie consacrée à la littérature pour enfants est haute en couleur. (www.americanwritersmuseum.org ; 180 N Michigan Ave, 2e niv ; adulte/enfant 12 $/gratuit ; 10h-17h ; ; M Lignes marron, orange, verte, violette ou rose, arrêt Randolph ou State/Lake)

Riverwalk PROMENADE

10 PLAN P. 44, E1

Longeant la rive sud de la Chicago River et Wacker Drive, cette promenade aménagée de 2 km permet d'échapper à la foule et de regarder voguer les bateaux. Depuis les ponts, vous pourrez descendre, via un escalier, sur les quais jalonnés de buvettes et de cafés-terrasses. Il fait bon s'asseoir sur les grandes marches entre Clark St et LaSalle St. (www.chicagoriverwalk.us ; berges de la Chicago River, entre N Lake Shore Dr et W Lake St ; 6h-23h ; M Lignes marron, orange, verte, violette, rose ou bleue, arrêt State/Lake)

Se restaurer

Revival Food Hall

AMÉRICAIN $

11 PLAN P. 44, C4

Ce *food court* branché du Loop voit, à l'heure du déjeuner, tous les hipsters des bureaux du coin se presser autour des tables de bois blond de ce vaste espace de restauration, au rez-de-chaussée du vénérable édifice The National. Le concept 100% local permet de découvrir sous un seul toit les meilleurs fast-foods haut de gamme de Chicago, d'Antique Taco à Smoque BBQ en passant par les ramens de Furious Spoon et HotChocolate Bakery. (773-999-9411 ; www.revivalfoodhall.com ; 125 S Clark St ; plats 7-12 $; 7h-19h lun-ven ; ; M Ligne bleue, arrêt Monroe)

Pastoral

SANDWICHS $

12 PLAN P. 44, E2

Attention, sandwichs bluffants ! Jambon serrano fraîchement tranché, saucisson de Calabre et autres garnitures carnées rencontrent mozzarella fumée, gruyère et tartinades épicées dans des baguettes croustillantes – mais les végétariens ne seront pas en reste. Peu de places assises : on vient surtout acheter son pique-nique pour le Millennium Park (commandez par téléphone quelques heures à l'avance pour éviter l'attente). (312-658-1250 ; www.pastoralartisan.com ; 53 E Lake St ; sandwichs 8-11 $; 10h30-20h lun-ven, 11h-18h sam-dim ; ; M Lignes marron, orange, verte, violette ou rose, arrêt Randolph ou State/Lake)

Native Foods Cafe

VÉGÉTALIEN $

13 PLAN P. 44, C4

Ici, le burger végétal est grillé au barbecue et garni de "bacon" de seitan et de "fromage" américain végétal. À accompagner des emblématiques nachos de la maison. Bières locales et vins bio se marient avec un vaste menu aux influences internationales qui inclut des variantes de saison. Menus sans soja, sans gluten et sans fruits à coque pour les allergiques. (312-332-6332 ; www.nativefoods.com ; 218 S Clark St ; plats 9-12 $; 10h30-21h lun-sam, 11h-19h

Daley Plaza

Au centre de la **Daley Plaza** (Plan p. 44, C2) trône une étonnante sculpture de Picasso, laissée sans nom. La place est plaisante à l'heure du déjeuner, particulièrement lorsque la météo est au rendez-vous. Les animations ne manquent pas : spectacles de danse, concerts, festivals multiculturels ou fêtes saisonnières. Et tout ça gratuitement. Un marché de producteurs s'y tient le jeudi (7h-15h, de mai à octobre), ainsi que des *food trucks* une fois par semaine, généralement le vendredi (11h-15h de mars à octobre).

dim ; ; M Lignes marron, orange, violette ou rose, arrêt Quincy)

Epic Burger

BURGERS $

14 PLAN P. 44, D6

Prisé des étudiants de South Loop, cet immense lieu plaira aux amateurs de fast-food qui ne veulent pas manger n'importe quoi : bœuf élevé sans hormones et sans antibiotiques, œufs bio de plein air, bacon sans nitrates, pains sans conservateurs, milk-shakes saupoudrés de vanille en gousses et emballages sans pétrole. Quelques options végétaliennes. Cartes bancaires uniquement. (312-913-1373 ; www.epicburger.com ; 517 S State St ; plats 4-8 $; 10h30-22h lun-jeu, 10h30-23h ven-sam, 10h30-21h dim ; ; M Lignes marron, orange, violette ou rose, arrêt Library)

Pizano's

PIZZA $$

15 PLAN P. 44, E3

Une adresse conviviale pour découvrir la pizza *deep-dish* de Chicago en version light. Les pizzas standards sont aussi bonnes. Certains serveurs, hauts en couleur, travaillent ici depuis toujours ! Ouvert tard dans la nuit, ce qui est plutôt rare dans le Loop. (312-236-1777 ; www.pizanoschicago.com ; 61 E Madison St ; pizzas à partir de 16 $; 11h-2h dim-ven, 11h-3h sam ; ; M Lignes rouge ou bleue, arrêt Monroe)

Pique-nique musical

L'été, rien de mieux qu'un pique-nique pour assister à un concert gratuit sur les pelouses du Millennium Park. Au programme, rock indépendant, jazz ou classique joués par des musiciens souvent de renom. Pour votre repas, Pastoral (p. 49) et Toni Patisserie proposent sandwichs, vins et en-cas.

Gage

AMÉRICAIN MODERNE $$$

16 PLAN P. 44, E3

Ce gastropub propose des plats originaux, comme les burgers au gibier et au gouda, les moules *vindaloo* ou le *fish and chips* à la Guinness ; les steaks sont généreux. Une belle sélection de whiskys et de bières artisanales accompagne le repas. (312-372-4243 ; www.thegagechicago.com ; 24 S Michigan Ave ; plats 15-36 $, steaks 47-65 $; 11h-23h lun-jeu, 11h-minuit ven, 10h-minuit sam, 10h-22h dim ; M Lignes marron, orange, verte, violette ou rose, arrêt Washington/Wabash)

Prendre un verre

Berghoff

BAR

17 PLAN P. 44, D4

Ouvert en 1898, le Berghoff a été le premier établissement de la ville autorisé après la Prohibition à vendre de l'alcool (vous pouvez demander à voir la licence estampillée "#1"). Depuis, presque rien n'a changé autour du vieux comptoir en bois poli. On sirote des pintes de bière maison ou importées, et on savoure d'énormes *sauerbraten*, *schnitzels* et *pretzels* au restaurant attenant. (☎312-427-3170 ; www.theberghoff.com ; 17 W Adams St ; 11h-21h lun-ven, 11h30-21h sam ; M Lignes bleue ou rouge, arrêt Jackson)

Cindy's

BAR

18 PLAN P. 44, E3

Installé sur le toit du Chicago Athletic Association Hotel, le Cindy's ménage une vue ébouriffante sur Millennium Park et sur le lac. Autour de longues tables en bois, sous les guirlandes lumineuses, on sirote de chouettes cocktails aux ingrédients originaux, comme l'amer orange-safran. Hélas ! tout le monde veut en être, alors venez tôt pour obtenir une place. (☎312-792-3502 ; www.cindysrooftop.com ; 12 S Michigan Ave ; 11h-1h lun-ven, 10h-2h sam, 10h-minuit dim ; M Lignes marron, orange, verte, violette ou rose, arrêt Washington/Wabash)

Monk's Pub

PUB

19 PLAN P. 44, B2

Poussez les lourdes portes de cette cave à bières belge aux lumières tamisées. Vieux fûts et robinets vintage donnent le ton. La vaste sélection de bières du monde (presque 200) accompagne de bons burgers. En prime, cacahuètes gratuites, dans ce lieu fréquenté par des employés de bureau. (☎312-357-6665 ; www.monkspubchicago.com ; 205 W Lake St ; 9h-23h lun-mer, 9h-2h jeu-ven, 11h-17h sam ; ;

Le Berghoff

M Lignes bleue, marron, orange, verte, violette ou rose, arrêt Clark/Lake)

Toni Patisserie & Cafe

CAFÉ

20 PLAN P. 44, E3

Ce charmant café à la parisienne propose une carte modeste de vins français, à siroter tout en s'efforçant de résister aux éclairs et autres macarons qui vous font de l'œil dans la vitrine. Vente de bouteilles à emporter (pour les pique-niques au parc). (312-726-2020 ; www.tonipatisserie.com ; 65 E Washington St ; 7h-19h lun-ven, 8h-19h sam, 9h-17h dim ; M Lignes marron, orange, verte, violette ou rose, arrêt Washington/Wabash)

Summer Dance

Pour vous déhancher en compagnie d'un public local et multiethnique, rendez-vous au Spirit of Music Garden du Grant Park lors du **SummerDance** (Plan p. 44, E6 ; www.chicagosummerdance.org ; 601 S Michigan Ave ; 18h-21h mer, 18h-21h30 jeu-sam, 16h-19h dim fin juin-août ; M Ligne rouge, arrêt Harrison). Après une heure de cours de danse divertissants, des groupes y jouent divers styles de musique entraînants : swing, house, rumba, samba, afrobeat... le tout est entièrement gratuit. Débutants, n'hésitez pas à vous lancer !

Sortir

Grant Park Orchestra

MUSIQUE CLASSIQUE

21 PLAN P. 44, F2

L'été, le Grant Park Orchestra et ses musiciens de haute volée venus d'orchestres symphoniques du monde entier proposent des concerts gratuits au pavillon Pritzker (p. 35). On s'installe sur la pelouse avec sa chaise pliante, sa couverture et son pique-nique. La magie de la soirée opère : soleil couchant, lumières scintillantes des gratte-ciel et musique grandiose. (312-742-7638 ; www.grantparkmusicfestival.com ; Pritzker Pavilion, Millennium Park ; 18h30 mer et ven, 19h30 sam mi-juin à mi-août ; M Lignes marron, orange, verte, violette ou rose, arrêt Washington/Wabash)

Buddy Guy's Legends

BLUES

22 PLAN P. 44, E6

Les meilleurs groupes locaux et nationaux rugissent sur la scène de Buddy Guy. L'icône de Chicago elle-même s'y produit plusieurs fois en janvier ; billets en vente en octobre. Des concerts acoustiques pour tous les âges ont lieu au déjeuner et au dîner (l'endroit est aussi un restaurant cajun). Attention : les spectacles de fin de soirée sont payants. (312-427-1190 ; www.buddyguy.com ; 700 S Wabash Ave ; entrée dim-jeu 10 $, ven-sam 20 $; 17h-2h lun-mar, 11h-2h mer-ven, 12h-3h sam, 12h-2h dim ; M Ligne rouge, arrêt Harrison)

Chicago Symphony Orchestra — MUSIQUE CLASSIQUE

23 PLAN P. 44, E4

Dirigé par Riccardo Muti, le CSO est réputé pour l'assiduité de ses abonnés et l'excellence de sa section cuivres. Son consultant artistique, le violoncelliste Yo-Yo Ma, y joue fréquemment en tant que soliste. Côté architecture, l'*Orchestra Hall* a été conçu par Daniel Burnham. Saison de septembre à juin. (CSO ; 312-294-3000 ; www.cso.org ; 220 S Michigan Ave ; M Lignes marron, orange, verte, violette ou rose, arrêt Adams)

Goodman Theatre — THÉÂTRE

24 PLAN P. 44, D2

C'est l'une des grandes scènes de Chicago, au répertoire moderne et classique américain. Chaque jour, des billets à moitié prix pour le soir même sont mis en vente, dès 10h en ligne, et 12h sur place. (312-443-3800 ; www.goodmantheatre.org ; 170 N Dearborn St ; M Lignes marron, orange, verte, violette, rose ou bleue, arrêt Clark/Lake)

Lyric Opera of Chicago — OPÉRA

25 PLAN P. 44, A3

Difficile d'obtenir des places pour cette audacieuse compagnie moderne. Sous les lustres du Civic Opera House, elle propose des spectacles alliant avec finesse classiques et créations ambitieuses. Spectacles en italien surtitrés en anglais. De septembre à mai. (312-827-5600 ;www.lyricopera.org ; 20 N Wacker Dr ; M Lignes marron, orange, violette ou rose, arrêt Washington/Wells)

Shopping

Boutique du Chicago Architecture Center — SOUVENIRS

Une boutique où dénicher moult souvenirs originaux : affiches et cartes de Frank Lloyd Wright, maquettes ou posters de gratte-ciel et livres sur l'architecture de Chicago. Une mine d'or. La section enfants séduira les architectes en herbe. Située dans le Chicago Architecture Center (voir 1 Plan p. 44, E1). (312-922-3432 ; shop.architecture.org ; 111 E Wacker Dr ; 9h-17h lun, mer et ven-dim, 9h-20h mar et jeu ; 151, M Lignes marron, orange, verte, violette ou rose, arrêt State/Lake)

ShopColumbia — ART

26 PLAN P. 44, E6

Cette boutique écoule les créations des étudiants en art et en design du Columbia College. Ses articles originaux et faits main touchent à tous les supports et toutes les disciplines : vêtements, bijoux, imprimés, mugs, peintures, papeterie, etc. Les étudiants perçoivent 75% du prix total, et une partie des recettes finance des bourses d'études. (312-369-8616 ; www.shop.colum.edu ; 619 S Wabash Ave ; 11h-17h lun-ven ; M Ligne rouge, arrêt Harrison)

Explorer

Near North et Navy Pier

Au nord du Loop, Near North est rythmé par les bistrots animés, les pizzerias, les galeries d'art et tant de boutiques chics que sa principale artère, Michigan Avenue, est surnommée "Magnificent Mile". Vers l'est, Navy Pier s'avance sur les eaux du lac, offrant un condensé de loisirs.

Notre sélection

- ***Navy Pier (p. 56)***. *Une promenade sur le quai et sa myriade de bateaux, et un tour de grande roue, haute de 60 m.*
- ***Giordano's (p. 63)***. *Une part de pizza encore plus imposante que la deep dish.*
- ***Magnificent Mile (p. 60)***. *Une sortie shopping sur cette portion bouillonnante de Michigan Ave qui déborde d'enseignes, de Burberry à Nike en passant par un Apple Store très chic.*
- ***Driehaus Museum (p. 60)***. *Les escaliers en marbre, vases en porcelaine française, candélabres en bronze et vitraux Tiffany de cette luxueuse demeure.*

Comment y aller et circuler

M La ligne rouge dessert le "Magnificent Mile" : arrêt Grand ou Chicago ; pour River North, arrêt Chicago ou Merchandise Mart, sur la ligne marron ou violette.

De fin mai à début septembre, un bus électrique gratuit circule entre l'arrêt Grand, sur la ligne rouge, et Navy Pier.

Autour du Mag Mile, les parcs de stationnement (30 $/jour environ) dominent. En allant vers l'ouest, les parcmètres (4 $/heure) se multiplient.

Plan de Near North et Navy Pier p. 58

Manège balançoire de Navy Pier (p. 57) NAEBLYS/SHUTTERSTOCK ©

Les incontournables

Navy Pier

À l'origine, Navy Pier était une simple jetée municipale. C'est aujourd'hui l'une des principales destinations touristiques de Chicago : 8 millions de personnes par an arpentent ses 800 m de quai. Les riverains se plaignent de son côté commercial, mais on apprécie sa somptueuse vue sur le lac, la brise fraîche et les spectaculaires feux d'artifice pendant l'été. Les enfants se régalent avec les manèges high-tech, les fast-foods et les vendeurs de gadgets.

PLAN P. 58, H4

312-595-7437

www.navypier.com

600 E Grand Ave ; 65

gratuit

10h-22h dim-jeu, 10h-minuit ven-sam juin-août, 10h-20h dim-jeu, 10h-22h ven-sam sept-mai

La grande roue et les manèges

La **Centennial Wheel** (adulte/enfant 18/15 $) est un incontournable, avec sa vue panoramique sur la ville et le lac, du haut de ses quelque 60 m. Les enfants adorent le **carrousel** (billet 9 $; mai-oct) avec son orgue et ses chevaux de bois, et l'on peut aussi tournoyer sur des chaises volantes. Chaque attraction coûte entre 9 et 18 $. Le Chicago Children's Museum (p. 60), pour les enfants, est situé près de l'entrée principale.

Théâtres et balades en bateau

Près d'un **cinéma IMAX** (312-595-5629 ; www.amctheatres.com ; billets 15-22 $), Navy Pier accueille aussi le **Chicago Shakespeare Theater** (312-595-5600 ; www.chicagoshakes.com), qui propose des versions grand public des pièces du dramaturge sous le grand "chapiteau" blanc du Yard, un lieu tout récent. Côté sud de la jetée, des agences proposent une large gamme de sorties en bateau : de la goélette (p. 20) au **hors-bord** (888-636-7737 ; www.seadogcruises.com ; 28-35 $; mars-oct), il y en a pour tous les goûts.

Places et événements

Près de l'entrée de Navy Pier, le **Polk Bros Park** est amusant pour sa fontaine illuminée et ses jets dansants. N'ayez pas peur de vous joindre aux enfants qui s'y précipitent. Des projections et des concerts gratuits ont lieu sur les pelouses. Pour vous détendre, pensez aussi aux escaliers du **Wave Wall**, qui dominent le lac, aux **Crystal Gardens**, dont le grand toit de verre abrite tables et palmiers, et aux grandes chaises longues en bois qui parsèment la jetée. Ces lieux font tous partie d'un projet de rénovation qui prévoit aussi l'ouverture d'un hôtel. Lors de la rédaction de ce guide, le tout devait voir le jour à l'été 2020.

★ À savoir

- Les feux d'artifice de l'été, très prisés, ont lieu les mercredis à 21h30 et les samedis à 22h15.
- L'été, pour regagner le centre-ville, le **Shoreline Water Taxi** (bateau-taxi ; www.shorelinesightseeing.com ; adulte/enfant lun-jeu 8/4 $, ven-dim 10/5 $) vogue entre Navy Pier et le Museum Campus.
- Des stands vendent des boissons alcoolisées à emporter, idéal pour un apéro-balade sur la jetée.

Une petite pause ?

L'annexe de **Giordano's** sur le Navy Pier (312-288-8783 ; www.giordanos.com ; 700 E Grand Ave, Navy Pier ; petites pizzas à partir de 18 $; 10h-21h dim-jeu, 10h-22h ven-sam ; 65) sert des parts de *stuffed pizza* (pizza épaisse, façon quiche). Pour une glace généreuse, cap sur le kiosque **Original Rainbow Cone**, au milieu de la jetée, côté sud.

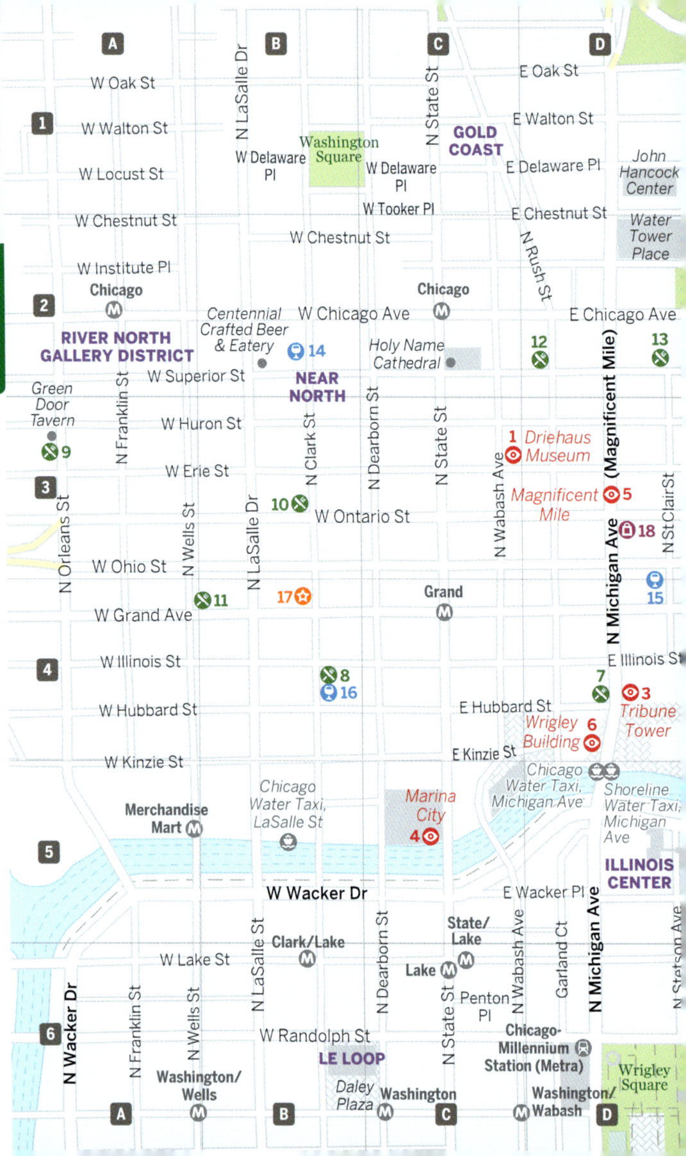
A
B
C
D
1
2
3
4
5
6
W Oak St
E Oak St
W Walton St
E Walton St
W Locust St
N LaSalle Dr
W Delaware Pl
Washington Square
W Delaware Pl
N State St
GOLD COAST
E Delaware Pl
John Hancock Center
W Tooker Pl
W Chestnut St
E Chestnut St
Water Tower Place
N Rush St
W Institute Pl
Chicago
Chicago
W Chicago Ave
E Chicago Ave
Centennial Crafted Beer & Eatery
14
RIVER NORTH GALLERY DISTRICT
Holy Name Cathedral
12
13
W Superior St
NEAR NORTH
Green Door Tavern
N Franklin St
W Huron St
N Clark St
N Dearborn St
N State St
1 Driehaus Museum
N Michigan Ave (Magnificent Mile)
9
W Erie St
N Wabash Ave
Magnificent Mile
5
10
W Ontario St
N Orleans St
N Wells St
N LaSalle Dr
18
N St Clair St
W Ohio St
15
11
17
Grand
W Grand Ave
W Illinois St
E Illinois St
8
16
7
3 Tribune Tower
W Hubbard St
E Hubbard St
Wrigley Building 6
W Kinzie St
E Kinzie St
Chicago Water Taxi, Michigan Ave
Shoreline Water Taxi, Michigan Ave
Chicago Water Taxi, LaSalle St
Merchandise Mart
Marina City
4
ILLINOIS CENTER
W Wacker Dr
E Wacker Pl
N LaSalle St
Clark/Lake
N Dearborn St
State/Lake
Lake
N Wabash Ave
Garland Ct
N Michigan Ave
N Stetson Ave
W Lake St
N Franklin St
N Wells St
N State St
Penton Pl
N Wacker Dr
W Randolph St
LE LOOP
Chicago-Millennium Station (Metra)
Washington/Wells
Daley Plaza
Washington
Washington/Wabash
Wrigley Square

E
F
G
H
0 400 m
0 0,2 mile
Nos adresses
Les incontournables p. 56
Voir p. 60
Se restaurer p. 61
Prendre un verre p. 64
Sortir p. 65
Shopping p. 65
1
2
3
4
5
6
N Mies van der Rohe Way
N Dewitt Pl
N Lake Shore Dr
E Pearson St
Seneca Park
Lake Shore Park
Promenade du lac
Northwestern University Chicago Campus
E Superior St
N Lake Shore Dr
E Huron St
N Fairbanks Ct
E Erie St
Ohio Street Beach
Olive Park
Usine de traitement des eaux
E Ontario St
STREETERVILLE
N McClurg Ct
NAVY PIER
E Ohio St
Bobby's Bike Hike
Chicago Children's Museum
E Grand Ave
Navy Pier
2
E Illinois St
City Front Plaza
Ogden Plaza
N New St
N McClurg Ct
Shoreline Water Taxi vers Willis Tower/Union Station
Polk Bros Park
Shoreline Water Taxi vers Shedd Aquarium
E North Water St
River Esplanade
Chicago River
Hyatt Regency Chicago
E Wacker Dr
Lac Michigan
N Columbus Dr
Lake Shore East Park
Harbor Dr
N Lake Shore Dr
Promenade du lac
E Randolph St
Maggie Daley Park
Grant Park

Voir

Driehaus Museum

MUSÉE

1 PLAN P. 58, C3

Situé dans la charmante Nickerson Mansion, ce musée transporte les visiteurs dans l'âge d'or des arts décoratifs et de l'architecture. Les visites guidées (4/jour, supp 5 $) permettent de profiter au mieux des 3 étages remplis d'objets d'art somptueux et de vitraux. Le billet d'entrée est un peu cher, mais les connaisseurs apprécieront ces fastueux intérieurs. (312-482-8933 ; www.driehausmuseum.org ; 40 E Erie St, River North ; adulte/enfant 20 $/gratuit ; 10h-17h mar-dim ; M Ligne rouge, arrêt Chicago)

Chicago Children's Museum

MUSÉE

2 PLAN P. 58, H4

Conçu pour défier l'imagination des enfants (jusqu'à 10 ans), ce formidable musée, situé près de l'entrée principale de Navy Pier, propose nombre d'expositions interactives. L'activité préférée des enfants, la **Dinosaur Expedition**, les transformera en paléontologues déterrant de vieux "os". Autres activités amusantes : escalader des ponts de singe, s'éclabousser dans les **Waterways** tout en découvrant les principes de l'hydroélectricité ou jouer au bricoleur avec de vrais outils au **Tinkering Lab**. (312-527-1000 ; www.chicagochildrensmuseum.org ; 700 E Grand Ave, Navy Pier ; 15 $; 10h-17h, 10h-20h jeu ; ; 65)

Tribune Tower

ARCHITECTURE

3 PLAN P. 58, D4

Ouvrez un œil attentif quand vous arriverez au pied de ce gratte-ciel néogothique de 1925. Le colonel Robert McCormick, propriétaire excentrique du *Chicago Tribune* au début du XXe siècle, avait rassemblé des pierres venant de monuments du monde entier et demandé à ses reporters de faire de même. C'est ainsi que plus de 140 pièces provenant du Taj Mahal, de la cathédrale de Rouen ou de la Grande Pyramide sont maintenant incrustées à la base de la tour. (435 N Michigan Ave, Streeterville ; M Ligne rouge, arrêt Grand)

Marina City

ARCHITECTURE

4 PLAN P. 58, C5

Ces tours jumelles futuristes en forme d'épis de maïs, qui semblent sortir d'un dessin animé, sont populaires sur Instagram. Conçus en 1964 par Bertrand Goldberg, ces gratte-ciel représentatifs du paysage urbain de Chicago ont même illustré une pochette de CD (*Yankee Hotel Foxtrot*) du groupe Wilco. Au pied, une marina s'étend sur la Chicago River. (300 N State St, River North ; M Lignes marron, orange, verte, violette ou rose, arrêt State/Lake)

Magnificent Mile

AVENUE

5 PLAN P. 58, D3

Le shopping haut de gamme se fait sur Michigan Ave, entre la rivière et Oak St, dans de grands magasins comme Bloomingdale's, Burberry et d'autres marques internationales. (www.themagnificentmile.com ; N Michigan Ave, Streeterville ; M Ligne rouge, arrêt Grand).

Wrigley Building ARCHITECTURE

6 PLAN P. 58, D4

De jour comme de nuit, le Wrigley Building est aussi éclatant que le sourire d'une star de cinéma. William Wrigley, homme d'affaires ayant fait fortune dans le chewing-gum, voulait un édifice aussi flamboyant qu'un panneau publicitaire. Une base de données informatique répertorie les 250 000 carreaux en terre cuite émaillée qui composent la façade, et détermine pour chacun s'il a besoin ou non d'être nettoyé ou lustré. (400 N Michigan Ave, Streeterville ; M Ligne rouge, arrêt Grand)

Se restaurer

Billy Goat Tavern HAMBURGERS $

7 PLAN P. 58, D4

C'est le repaire des journalistes du *Tribune* et du *Sun-Times* depuis des décennies. Commandez un "cheezborger" et une bière Schlitz, puis découvrez au mur les articles de journaux sur des histoires locales croustillantes. Le lieu est certes touristique, mais vaut le déplacement. Les panneaux indicateurs sur Michigan Ave vous guideront jusqu'à cette taverne en sous-sol. (312-222-1525 ; www.billygoattavern.com ; 430 N Michigan Ave, sous-sol, Streeterville ;

Magnificent Mile

Green Door Tavern

La **Green Door Tavern** (Plan p. 58, A3 ; 312-664-5496 ; www.greendoorchicago.com ; 678 N Orleans St, River North ; plats 10-15 $; 11h30-2h lun-ven, 10h-3h sam, 10h-minuit dim ; ; M Lignes marron ou violette, arrêt Chicago), nichée dans un immeuble de 1872, est une adresse de quartier à l'ambiance conviviale et au décor typique, entre vieilles photos et souvenirs. Pendant la Prohibition, la porte peinte en vert signifiait qu'il y avait un bar clandestin au sous-sol. C'est désormais un petit bar à cocktails accueillant concerts de jazz, effeuilleuses, jongleurs et autres spectacles décalés.

burgers 4-8 $; 6h-1h lun-jeu, 6h-2h ven, 6h-3h sam, 9h-2h dim ; M Ligne rouge, arrêt Grand)

Xoco

MEXICAIN $

8 PLAN P. 58, B4

Ce restaurant (prononcez "choco") du chef-star Rick Bayless, spécialisé dans la *street food* mexicaine, se fournit exclusivement chez des producteurs locaux. Le matin, plongez des churros dans du chocolat chaud maison, le midi ou le soir savourez de croustillantes *tortas* (sandwichs, dont le délicieux champignons-chèvre) ou des *caldos* (soupes copieuses). Ambiance restauration rapide avec commande au comptoir. Musique latine à plein volume. (312-661-1434 ; www.rickbayless.com ; 449 Clark St, River North ; plats 9-15 $; 8h-21h mar-jeu, 8h-22h ven-sam ; M Ligne rouge, arrêt Grand)

Mr Beef

SANDWICHS $

9 PLAN P. 58, A3

Le sandwich italien au bœuf, une spécialité de Chicago, prend ici la forme d'un long pain blanc garni de fines tranches de rosbif, mijoté dans son jus de cuisson. Demandez le "*dipped*" (version avec le pain trempé dans le jus) et le "*hot*" (avec des légumes vinaigrés et épicés appelés *giardiniera*). Dégoulinant, mais délicieux. Espèces seulement. (312-337-8500 ; 666 N Orleans St, River North ; sandwichs 6-13 $; 10h-18h lun-jeu, 10h-4h ven, 10h-5h sam ; M Lignes marron ou violette, arrêt Chicago)

Portillo's

AMÉRICAIN $

10 PLAN P. 58, B3

Les puristes du hot dog déplorent le manque de véritables recettes typiques de Chicago, dans le centre. Toutefois, cette adresse appartenant à une chaîne locale fait exception. Dans ce lieu à la décoration gangster façon années 1930 un peu grossière, on complète ce célèbre en-cas avec une part d'un gâteau au chocolat divin. (312-587-8910 ; www.

portillos.com ; 100 W Ontario St, River North ; plats 4-7 $; 10h-1h lun-sam, 10h-minuit dim ; M Ligne rouge, arrêt Grand)

GT Fish & Oyster

PRODUITS DE LA MER **$$**

11 PLAN P. 58, B4

Les restaurants de fruits de mer sont parfois un peu vieillots, mais pas celui-ci. Dans cette salle aux lignes gracieuses, couples en tête à tête et groupes d'amis dégustent mollusques et vins mousseux dans une ambiance conviviale rythmée par le cliquetis des couverts, avec nombre de plats à partager. L'excellente chaudrée de palourdes est servie dans un pot en verre, avec bacon et *oyster crackers* (biscuits salés) maison. (312-929-3501 ; www.gtoyster.com ; 531 N Wells St, River North ; plats 17-30 $; 17h-22h lun-jeu, 17h-23h ven, 10h-14h30 et 17h-23h sam, 10h-14h30 et 17h-22h dim ; M Ligne rouge, arrêt Grand)

Giordano's

PIZZA **$$**

12 PLAN P. 58, D2

Le Giordano's a pour spécialité la *stuffed pizza*, variante plus épaisse de la *deep-dish* ! Demandez la "special", une calzone avec saucisse, champignons, poivrons verts et oignons. Sachez que le service est long. (312-951-0747 ; www.giordanos.com ; 730 N Rush St, River North ; petites pizzas à partir de 18 $; 11h-23h dim-jeu, 11h-minuit ven-sam ; M Ligne rouge, arrêt Chicago)

Gino's East

PIZZA **$$**

13 PLAN P. 58, D2

Au palmarès de la meilleure pizza *deep-dish*, Gino's se classe facilement dans les 5 premiers. Et il se distingue en invitant ses clients à couvrir de graffitis tout son restaurant (murs, chaises, escaliers). La classique fromage-saucisse est un délice fondant sur une pâte dorée et croustillante à souhait. Un régal qui se mérite : les réservations n'étant pas acceptées, il faut savoir patienter. (312-266-3337 ; www.ginoseast.com ; 162 E Superior St, Streeterville ; petites pizzas à partir de 18 $; 11h-21h dim-jeu, 11h-22h ven-sam ; M Ligne rouge, arrêt Chicago)

Topolobampo/ Frontera Grill

MEXICAIN **$$$**

Le chef Rick Bayless, star du petit écran, propose ici des tacos originaux, avec ingrédients de saison, viandes grillées au feu de bois, sauces *mole* très goûtues et des margaritas qui ont fait sa renommée. Situés à côté du Xoco (voir 8 Plan p. 58, B4), le Topolobampo et le Frontera Grill sont bien deux restaurants distincts : le premier, étoilé au Michelin, est plus chic et plus onéreux, et le second plus décontracté et accessible. (312-661-1434 ; www.rickbayless.com ; 445 N Clark St, River North ; menus au Topolo 95-140 $, plats au Frontera 22-35 $; 11h30-22h mar-jeu, 11h30-23h, 10h30-23h sam ; M Ligne rouge, arrêt Grand)

Prendre un verre

Clark Street Ale House — BAR

14 PLAN P. 58, B2

Découvrez ici les bières locales du Midwest. Les bretzels sont gratuits, ce qui n'arrangera pas votre soif... Pour y remédier, un trio de mini-bières à 7 $ à déguster au frais dans le *beer garden*. Dans un quartier où l'ambiance des bars a tendance à être pompeuse, on apprécie ce lieu simple et son ambiance à l'ancienne. (312-642-9253 ; www.clarkstreetalehouse.com ; 742 N Clark St, River North ; 16h-4h lun-ven, 11h-4h sam-dim ; ; M Ligne rouge, arrêt Chicago)

Second Story — GAY

15 PLAN P. 58, D4

L'agréable bistrot gay installé au-dessus du restaurant arménien Sayat Nova est un secret bien gardé. Ses murs lambrissés, ses drapeaux arc-en-ciel, sa boule disco et ses boissons abordables lui valent un charme désuet.

Ennemi public numéro un : Al Capone

Al Capone quitta New York pour Chicago en 1919 où la Prohibition faisait la richesse de la Mafia. Bière, gin et toutes sortes de boissons illégales étaient entre les mains de cette dernière. Capone gravit rapidement les échelons et devint chef de la pègre de Chicago en 1924, et ce, jusqu'en 1931, date à laquelle l'agent fédéral Eliot Ness – membre des "Incorruptibles", un groupe aux membres réputés indifférents aux pots-de-vin – le fit tomber en l'inculpant de fraude fiscale.

Parmi les sites tristement associés au truand figurent :

Green Mill (p. 103). Capone fréquentait le bar clandestin du sous-sol.

Holy Name Cathedral (Plan p. 58, C2 ; 312-787-8040 ; www.holynamecathedral.org ; 735 N State St, River North ; M Ligne rouge, arrêt Chicago). L'église près de laquelle Capone commandita une attaque.

Cimetière du mont Carmel La tombe du gangster se trouve dans ce cimetière, à Hillside, dans la banlieue ouest de Chicago. Sur sa pierre tombale, on y lit la simple inscription : "Alphonse Capone, 1899-1947, My Jesus Mercy."

St Valentine's Day Massacre Site (Plan p. 58, E3 ; 2122 N Clark St, Lincoln Park ; 22). Les hommes de main de Capone tuèrent ici sept membres du gang de Bugs Moran. Il s'agit aujourd'hui d'un parking.

Espèces seulement. (312-923-9536 ; 157 E Ohio St, 2e niv, Streeterville ; 12h-2h ; M Ligne rouge, arrêt Grand)

Bar Ramone

BAR À VINS

16 PLAN P. 58, B4

Un magma de luminaires originaux pend au plafond, et les murs avec briques apparentes exhibent des tableaux : on se croirait dans un salon d'artistes. Assis à une table romantique, parcourez une carte de plus de 25 vins disponibles au verre, dont du txakoli (mousseux du Pays basque espagnol). Parfait pour une soirée en amoureux ou un dernier verre après le dîner. (312-985-6909 ; www.barramone.com ; 441 N Clark St, River North ; 16h-22h dim-lun, 16h-23h mar-jeu, 16h-minuit ven-sam ; M Ligne rouge, arrêt Grand)

Centennial Chicago

Pourtant bien en vue, le **Centennial Crafted Beer & Eatery** (Plan p. 58, B2 ; 312-284-5353 ; www.centennialchicago.com ; 733 N LaSalle Dr, Near North ; 16h-minuit lun-mer, 11h30-minuit jeu, 11h30-2h ven, 10h30-3h sam, 10h30-minuit dim ; M Lignes marron ou violette, arrêt Chicago) est rarement assailli par la foule comme ses voisins et concurrents. Vous serez comblé par ses 50 bières artisanales en pression, choisies avec soin, et son ambiance cosy, avec candélabres et bois patinés. Les amateurs de bière ne voudront plus repartir.

Sortir

Blue Chicago

BLUES

17 PLAN P. 58, B4

Tous les soirs, des groupes locaux s'installent sur la scène de ce club de blues grand public. Cadre assez spartiate, avec une petite salle étroite, souvent bondée. Venez tôt pour avoir une place. Étant situé à River North, le lieu est touristique, mais la qualité musicale est au rendez-vous. (312-661-0100 ; www.bluechicago.com ; 536 N Clark St, River North ; billets 10-12 $; 20h-1h30 dim-ven, 20h-2h30 sam ; M Ligne rouge, arrêt Grand)

Shopping

Garrett Popcorn

EN-CAS

18 PLAN P. 58, D3

La longue file d'attente devant cette petite boutique du Magnificient Mile pourrait en rebuter plus d'un, surtout par temps de neige... mais elle mène au paradis du pop-corn, à savourer au caramel, au fromage ou les deux avec le Garrett Mix ! Entrée par Ontario St.(www.garrettpopcorn.com ; 625 N Michigan Ave, Streeterville ; 10h-20h lun-jeu, 10h-21h ven-sam, 10h-19h dim ; M Ligne rouge, arrêt Grand)

Explorer

Gold Coast

La Gold Coast est le fief des habitants les plus aisés de Chicago depuis plus d'un siècle. Une clientèle chic fréquente les boutiques de luxe du quartier dont les rues arborées voient parfois passer des Tesla ou des Rolls Royce. Les principaux sites à visiter sont le 360° Chicago, tutoyant les nuages, et le Museum of Contemporary Art, avant de se détendre en soirée dans un steakhouse huppé ou un piano-bar de Rush Street.

Notre sélection

- ***Signature Lounge (p. 69)***. *Un cocktail dans ce lounge du 96e étage offrant une vue splendide.*
- ***Museum of Contemporary Art (p. 70)***. *Œuvres avant-gardistes la journée, théâtre expérimental le soir.*
- ***Astor Street (p. 79)***. *Les maisons cossues qui hébergent l'élite de Chicago depuis les années 1880.*
- ***International Museum of Surgical Science (p. 77)***. *Les sinistres instruments chirurgicaux et expositions fascinantes de ce musée mystérieux.*

Comment y aller et circuler

M Ligne rouge, arrêt Clark/Division pour le quartier nord, et arrêt Chicago pour le sud.

Le n°151 dessert Michigan Avenue, très pratique pour visiter les sites touristiques.

Difficile de se garer, les places étant réservées aux riverains. Tentez LaSalle St, où il y a peu de parcmètres.

Plan de la Gold Coast p. 74

Plages de la Gold Coast TUPUNGATO/GETTY IMAGES ©

Les incontournables

360° Chicago

Situé au sommet du quatrième plus haut gratte-ciel de la ville, 875 N Michigan Ave, 360° Chicago permet de la surplomber. De bien des manières, la vue surpasse celle de la Willis Tower, car la tour se trouve plus près du lac et offre un panorama dégagé. Si le spectacle ne vous suffit pas, le vertigineux observatoire propose de quoi vous donner d'autres sensations fortes.

PLAN P. 74, D7

888-875-8439

www.360chicago.com

875 N Michigan Ave, 94e ét.

adulte/enfant 22/15 $

9h-23h, derniers tickets 22h30

M Ligne rouge, arrêt Chicago

Observatoire

360° Chicago est le nom officiel de l'observatoire perché au 94e niveau du Hancock Center. Des panneaux informatifs y donnent le nom des gratte-ciel voisins. Sur le "Skywalk", sorte de véranda protégée, vous sentirez la puissance du vent et entendrez le murmure de la ville. Mais c'est le Tilt (photo ; supplément de 7,20 $) qui a le plus la cote : un système de fenêtres-cabines qui bascule progressivement dans le vide. L'observatoire est un bon choix si vous avez des enfants ou si vous venez d'arriver à Chicago et souhaitez une première vue d'ensemble.

Architecture

La construction du Hancock Center, ancien nom de la tour, s'est achevée en 1969. Les architectes en chef Fazlur Khan et Bruce Graham ont conçu cette tour pour qu'elle oscille de 13 à 20 cm lorsque le vent souffle. Quatre ans après, ils réitéraient l'aventure avec la Willis Tower.

Autres points de vue

Pour une expérience plus conventionnelle, optez pour le **Signature Lounge** (www.signatureroom.com ; 11h-0h30 dim-jeu, 11h-1h30 ven-sam), élégant bar au 96e étage, où le panorama est gratuit. Il vous en coûtera tout de même le prix d'une consommation (entre 10 et 18 $) mais, confortablement installé dans un fauteuil, vous aurez une vue quasi identique à celle de l'observatoire. Il est également possible de dîner en profitant du paysage au Signature Room à l'étage du dessous. Les ascenseurs menant au bar et au restaurant sont situés au niveau supérieur par rapport à l'entrée de l'observatoire. Suivez les panneaux indiquant "Signature 95th/96th".

★ À savoir

- La nuit, le spectacle est vraiment féerique. Les mercredis et samedis soir en été, vous verrez en prime les feux d'artifice de Navy Pier.
- Les ascenseurs montent à près de 32 km/h : sensation de vitesse assurée !
- Cet observatoire est souvent moins fréquenté que celui de la Willis Tower ; à privilégier donc si vous manquez de temps.

Une petite pause ?

Mêlez-vous à l'élégante clientèle des buildings du quartier pour un cocktail Manhattan au bar du **Coq d'Or** (312-932-4623 ; 140 E Walton St ; 11h-1h dim-jeu, 11h-2h ven-sam) ou régalez-vous de gaufres et autres douceurs au Hendrickx Belgian Bread Crafter (p. 78).

Les incontournables

Museum of Contemporary Art

Par contraste avec la collection classique de l'Art Institute, le MCA expose des œuvres contemporaines et d'avant-garde du siècle dernier, souvent à cheval entre art visuel et techniques mixtes. Son point fort : la collection de photographie moderne. Les expositions souvent renouvelées promettent des œuvres atypiques et parfois polémiques.

PLAN P. 74, E8

312-280-2660

www.mcachicago.org

220 E Chicago Ave

adulte/enfant 15 $/gratuit

10h-21h mar et ven,
10h-17h mer-jeu et sam-dim

M Ligne rouge, arrêt Chicago

Expositions

Le MCA propose généralement des expositions à thème d'artistes méconnus ou de talents émergents que les conservateurs du musée dévoilent au public américain. On a pu notamment voir l'œuvre du photographe documentaire brésilien Jonathas de Andrade, ou les initiatives multimédias du touche-à-tout Virgil Abloh. Les expositions tournent tous les trois mois environ.

Jardin aux sculptures et esplanade

À l'arrière du musée, le jardin-terrasse et ses sculptures vous promettent un agréable moment. L'été (juin-septembre), un groupe de jazz joue le mardi à 17h30 au milieu de la verdure. On peut alors prendre une boisson au bar et s'installer sur la pelouse. L'esplanade devant le musée est souvent très animée. Le mardi matin, de juin à octobre, des producteurs locaux vendent leurs légumes, fromages et produits de boulangerie de 7h à 14h. Le concert et le marché valent à eux seuls le détour.

Théâtre des arts

Le théâtre du MCA accueille régulièrement des spectacles de danse, de musique ou des films d'artistes contemporains reconnus. Ne soyez pas surpris d'entendre un chanteur inuit en fond sonore pour la présentation d'un film muet, une pièce sur les ventriloques mettant en scène une troupe de marionnettes européenne, ou encore des danseurs nus qui dénoncent les effets de la technologie sur l'homme. Bonus : une place de théâtre achetée offre une entrée gratuite au musée pendant la semaine qui suit.

★ À savoir

- Des visites gratuites de 45 minutes sont commentées par des guides bénévoles à 13h, et le week-end à 14h. Rendez-vous à l'accueil à l'étage.
- L'entrée est gratuite pour les résidents de Chicago le mardi, attendez-vous à une plus grande affluence.
- Belle sélection de livres, de cadeaux originaux, de bijoux et de jouets pour enfants à la boutique du musée.

Une petite pause ?

Marisol, l'élégant restaurant du MCA, s'approvisionne en circuit court pour ses petites assiettes, vins et apéritifs. Il reste ouvert après la fermeture du musée.

Le Signature Lounge (p. 69), bar le plus panoramique de Chicago, est à quelques rues d'ici, au 96e niveau du 875 N Michigan Ave.

Promenade à pied

Balade sur la Gold Coast

La Gold Coast... Un nom qui met la puce à l'oreille : ce quartier accueille depuis la fin des années 1800 les résidents les plus fortunés de Chicago. Bentley garées devant des demeures élégantes, cafés raffinés où devisent des femmes parées de fourrure, boutiques onéreuses, restaurants huppés... La Gold Coast ne renie pas son chic. On y devine pourtant aussi une identité plus interlope, quoique discrète.

La promenade

Départ Newberry Library (M Ligne rouge, arrêt Chicago)

Arrivée Lodge Tavern (M Ligne rouge, arrêt Clark/Division)

Distance 2,7 km

Durée 2-3 heures

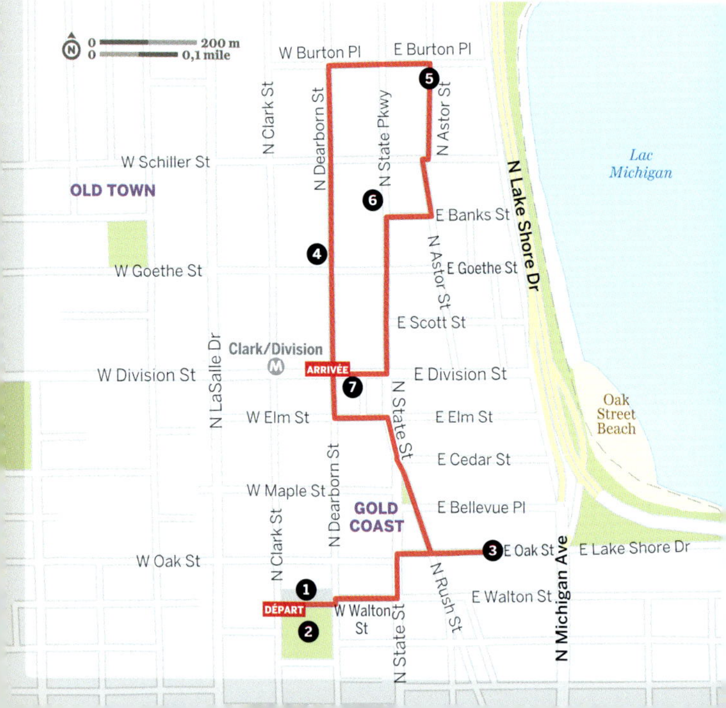

❶ Newberry Library

Carte de l'expédition vers l'ouest de Lewis et Clark, Premier Folio de Shakespeare... Rien ne manque à l'inventaire de la **Newberry Library** (p. 76). On peut visiter gratuitement ses galeries et parcourir sa librairie, un lieu idéal pour se procurer des livres sur Chicago.

❷ Washington Square

En face, **Washington Square** est un parc célèbre pour les tribunes improvisées d'orateurs souvent considérés comme dérangés, d'où son surnom de "Bughouse Square" (*bughouse*, un terme d'argot signifiant "hôpital psychiatrique"). Les habitants y promènent leurs chiens, les travailleurs y déjeunent en plein air et quelques anciens se querellent près de la fontaine située au centre. Le parc a été ajouté au Registre national des lieux historiques en 1991.

❸ Oak Street

Cette rue est prisée des gens aisés du coin qui s'y promènent en quête d'emplettes de luxe. Les boutiques de designers s'alignent entre Michigan Ave et Rush St.

❹ 3 Arts Club Cafe

Arrêtez-vous dans ce **café** (☎312-475-9116 ; www.3artscafe.com ; 1300 N Dearborn St ; 🕒10h-21h lun-sam, 11h-19h dim ; 📶) chic pour un déjeuner léger, assis sur un beau canapé dans un atrium de verre paré de chandeliers, d'arbres et d'une fontaine. À l'origine, le Three Arts Club, fondé en 1912, était un foyer pour les femmes pratiquant les "trois arts" (musique, peinture et théâtre).

❺ Astor Street

Occupée hier comme aujourd'hui par les plus grandes fortunes de Chicago, Astor Street porte le nom du premier multimillionnaire américain, John Jacob Astor (il n'y vécut jamais, mais le nom paraissait accrocheur). Plusieurs demeures du tournant du siècle s'élèvent entre les numéros 1300 et 1500.

❻ Original Playboy Mansion

Hugh Hefner acquit ce **manoir** (1340 N State Pkwy) de 1899 au début de la révolution sexuelle des années 1960. Il ne contient plus que des appartements privés, et l'on ne peut y entrer, mais on a tout le loisir d'imaginer les folles soirées qu'organisait naguère Hefner autour du bassin de la "grotte" aménagée au sous-sol.

❼ Lodge Tavern

Depuis 1957, la **Lodge Tavern** (☎312-642-4406 ; www.lodgetavern.com ; 21 W Division St ; 🕒10h-4h dim-ven, 10h-5h sam) accueille entre ses boiseries la clientèle moins aisée de la Gold Coast. Sur un vieux succès du juke-box, bière pression à la main, vous partagerez un bol de cacahuètes offert avec les habitués du quartier, qui restent jusqu'à tard.

Nos adresses
Les incontournables p. 68
Voir p. 76
Se restaurer p. 77
Prendre un verre p. 78
Sortir p. 78
Shopping p. 79
0 400 m
0 0,2 mile
Lincoln Park
W North Blvd
Archbishop's Residence
E North Blvd
N Lake Shore Dr
4 International Museum of Surgical Science
N State Pkwy
N Astor St
W Burton Pl
E Burton Pl
Patterson-McCormick Mansion
N LaSalle Dr
N Clark St
N Dearborn St
W Schiller St
E Schiller St
Charnley-Persky House 2
E Banks St
N Ritchie Ct
Promenade du lac
W Goethe St
E Goethe St
GOLD COAST
E Scott St
N Stone St
10
Lac Michigan

Clark/ Division
W Division St
E Division St
8
W Elm St
E Elm St
5
E Cedar St
Oak Street Beach
W Maple St
N State St
E Bellevue Pl
N Clark St
N Dearborn St
7
N Rush St
E Oak St
E Lake Shore Dr
W Oak St
Hendrickx Belgian Bread Crafter
Newberry Library
1
E Walton St
E Walton St
N Lake Shore Dr
Washington Square
W Delaware Pl
E Delaware Pl
360° Chicago
John Hancock Center
N Mies van der Rohe Way
N Dewitt Pl
6
E Chestnut St
N Michigan Ave
N Lake Shore Dr
W Chestnut St
11
12
Water Tower Place
N LaSalle Dr
N Wabash Ave
N Rush St
E Pearson St
3
9
Seneca Park
Museum of Contemporary Art
Lake Shore Park
W Chicago Ave
Chicago
Water Tower
E Chicago Ave
Northwestern University Chicago Campus
NEAR NORTH
A
B
C
D
E
F
5
6
7
8

Oak Street Beach

Cette belle **plage** (Plan p. 74, D5 ; www.cpdbeaches.com ; 1000 N Lake Shore Dr ; 6h-23h ; M Ligne rouge, arrêt Chicago) à la lisière du centre, ombragée par les gratte-ciel, se prête au volley-ball et au bronzage. La baignade est autorisée l'été, sous la surveillance de maîtres nageurs (11h-19h), et l'on peut y louer parasols et transats. Un café parsemé de parasols jaunes, propose boissons et DJ sets.

Voir

Newberry Library

BIBLIOTHÈQUE

1 PLAN P. 74, B7

Les bibliophiles se pâmeront devant les originaux des pamphlets de Thomas Paine sur la Révolution française ou devant un ouvrage de Thomas Jefferson (principal auteur de la Déclaration d'indépendance des États-Unis) annoté. Les expositions temporaires présentent de vieux manuscrits et une partie de la collection étendue de la bibliothèque. Sur place, la librairie (fermée le lundi) est riche d'ouvrages sur Chicago. Visite gratuite de l'étonnant édifice à 15h le jeudi et 10h30 le samedi. (312-943-9090 ; www.newberry.org ; 60 W Walton St ; gratuit ; 8h15-17h lun, ven-sam, 8h15-19h30 mar-jeu ; M Ligne rouge, arrêt Chicago)

Charnley-Persky House

ARCHITECTURE

2 PLAN P. 74, C3

Frank Lloyd Wright avait 19 ans et travaillait encore pour Louis Sullivan lorsqu'il dessina cette demeure de 11 pièces et inaugurait ainsi une nouvelle ère architecturale. Et pour cause, elle délaissait le clinquant victorien au profit des formes simples et abstraites qui incarneraient plus tard le style moderne. Achevé en 1892, le bâtiment héberge désormais la Société des historiens de l'architecture. (312-573-1365 ; www.charnleyhouse.org ; 1365 N Astor St ; visites mer/sam gratuit/10 $; 12h mer et sam toute l'année, plus 10h sam avr-oct ; M Ligne rouge, arrêt Clark/Division)

Water Tower

MONUMENT

3 PLAN P. 74, D8

De style néogothique, cet ancien château d'eau de 47 m de haut est l'un des symboles de Chicago. C'est l'un des rares édifices à avoir résisté, grâce à ses briques en pierre calcaire, aux flammes du Grand Feu qui, en 1871, a ravagé la quasi-totalité de la ville. Aujourd'hui, cette tour abrite l'intéressante **City Gallery** (312-742-0808 ; gratuit ; 10h-19h lun-ven, 10h-17h sam-dim), exposant les travaux d'artistes locaux sur le thème de Chicago. (806 N Michigan Ave ; M Ligne rouge, arrêt Chicago)

International Museum of Surgical Science

MUSÉE

4 PLAN P. 74, C2

Petit mais passionnant, ce musée occupant une vaste résidence face au lac est consacré au monde de la chirurgie et de la médecine. On y découvre les étonnantes avancées des sciences médicales à travers l'histoire : lunettes, guérison des plaies, anesthésie, rayons X... , ainsi que l'évolution des soins infirmiers. Le musée expose aussi bien de vieilles prothèses rouillées que des instruments chirurgicaux qui font froid dans le dos, sans oublier un véritable poumon de fer. (312-642-6502 ; www.imss.org ; 1524 N Lake Shore Dr ; adulte/enfant 17/9 $; 9h30-17h lun-ven, 10h-17h sam-dim ; 151)

Se restaurer

Velvet Taco

TACOS $

5 PLAN P. 74, B5

Excellente adresse de fin de soirée du quartier, proposant des versions *trendy* de tacos, sous diverses formes : poulet *tikka*, tofu épicé de Nashville et coleslaw au chou chinois, porc effiloché avec crème d'avocats et ananas grillé, burger au bœuf de Kobe, bacon et cheddar fumé, ou encore crevettes et gruau de maïs. À arroser de margaritas et de bière. (312-763-2654 ; www.velvettaco.com ; 1110 N State St ; tacos 3,50-7 $; 11h-minuit lun, 11h-2h mar-mer, 11h-3h jeu, 11h-5h ven, 10h-5h sam, 10h-minuit dim ; ; 36, M Ligne rouge, arrêt Clark/Division)

Oak Street Beach

Boulangerie belge

La boulangerie **Hendrickx Belgian Bread Crafter** (Plan p. 74, C6 ; ☎312-649-6717 ; www.hendrickxbakery.com ; 100 E Walton St ; snacks 7-13 $; 8h-19h mar-sam, 9h-15h dim, 8h-15h30 lun ; M Ligne rouge, arrêt Chicago) est bien connue des habitants du quartier. Derrière sa jolie porte orange vous attendent gaufres, brioches, croissants..., entre autres gourmandises !

Pizano's

PIZZA $$

6 PLAN P. 74, B7

Cette pizzeria sympathique est l'une des meilleures de Chicago, et possède un impressionnant pedigree (elle a été ouverte par Rudy Malnati Jr., fils de l'inventeur de la *deep-dish*). Vous apprécierez le côté beurré de la pâte, surtout si vous la commandez fine. Possibilité de pâte sans gluten. Autre adresse dans le Loop (p. 50). (☎312-751-1766 ; www.pizanoschicago.com ; 864 N State St ; pizzas 25 cm à partir de 16 $; 11h-2h dim-ven, 11h-3h sam ; M Ligne rouge, arrêt Chicago)

Gibson's

STEAK HOUSE $$$

7 PLAN P. 74, C6

Gibson's est un lieu phare de la scène politique de Chicago. Les personnalités influentes de la ville s'arrachent les meilleures tables de la salle, très animée. Le gratin de cette petite société se retrouve au bar, souvent bercés par le son du piano. Dans les assiettes, délicieux steaks et homards (gigantesques). (☎312-266-8999 ; www.gibsonssteakhouse.com ; 1028 N Rush St ; plats 24-63 $; 11h-minuit ; M Ligne rouge, arrêt Clark/Division)

Prendre un verre

Sparrow

BAR À COCKTAILS

8 PLAN P. 74, B5

Un petit bijou de la Gold Coast. Derrière la devanture sobre d'un immeuble Art déco, ce lounge feutré inspiré des bars d'hôtels des années 1930-1940 met à l'honneur les cocktails, surtout à base de rhum. Riche carte des vins et de bières pression. L'adresse idéale pour un verre après un dîner en centre-ville. (☎312-725-0732 ; www.sparrowchicago.com ; 12 W Elm St ; 16h-2h lun-ven, 16h-3h sam, 16h-minuit dim ; M Ligne rouge, arrêt Clark/Division)

Sortir

Lookingglass Theatre Company

THÉÂTRE

9 PLAN P. 74, D8

Cette troupe très en vue se produit dans un théâtre original situé dans l'**ancienne station de pompage Water Work**, en face de la Water Tower. Ses artistes – dont le cofondateur David Schwimmer de *Friends* – utilisent cascades et acrobaties pour dynamiser leurs spectacles, pleins d'imagination, de rêves et de fantaisie. (☎312-337-

0665 ; www.lookingglasstheatre.org ; 821 N Michigan Ave ; M Ligne rouge, arrêt Chicago)

Zebra Lounge

MUSIQUE LIVE

10 PLAN P. 74, B4

Dans la pénombre de cette petite salle à miroirs (un ancien bar clandestin de la Prohibition), le piano est parfois aussi rauque que la voix des clients, souvent d'âge mûr, qui aiment l'accompagner. Les mains qui en chatouillent les touches sont celles de musiciens aguerris. Concerts à partir de 21h tous les soirs. Basé dans un immeuble d'habitation. (312-642-5140 ; www.thezebralounge.net ; 1220 N State St ; 18h-2h lun-ven, 19h30-3h sam, 19h30-2h dim ; M Ligne rouge, arrêt Clark/Division)

Shopping

American Girl Place

JOUETS

11 PLAN P. 74, D7

Bien plus qu'un simple magasin de jouets, ce lieu propose aux enfants de créer une poupée entièrement personnalisée à leur effigie, et même d'acheter des tenues assorties. Pour le thé, les poupées ont leur place à table. On trouve des American Girl Place dans plusieurs grandes villes, mais celui-ci, fleuron de la marque, reste le plus grand et le plus visité. (877-247-5223 ; www.americangirl.com ; 835 N Michigan Ave, Water Tower Place ; 10h-20h lun-jeu, 10h-21h ven, 9h-21h sam, 9h-18h dim ; ; M Ligne rouge, arrêt Chicago)

Magasin Lego

JOUETS

12 PLAN P. 74, D8

Les enfants pourront s'extasier devant les célèbres petites briques, mais aussi construire leurs propres créations sur des tables prévues à cet effet. (312-202-0946 ; www.lego.com ; 835 N Michigan Ave, 2e niv, Water Tower Place ; 10h-21h lun-sam, 11h-18h dim ; ; M Ligne rouge, arrêt Chicago)

Astor Street

Dans les années 1880, les familles fortunées de Chicago se sont installées dans de somptueuses résidences d'Astor Street. Les belles demeures situées entre le n°1300 et le n°1500 de la rue reflètent le faste de cette époque. La **Patterson McCormick Mansion** (Plan p. 74, C2 ; 1500 N Astor St ; 151) en est un exemple remarquable. De style néoclassique, cette magnifique maison de 1893, conçue par l'architecte new-yorkais Stanford White, est désormais divisée en appartements de luxe. Autre point d'intérêt, l'**Archbishop's Residence** (Plan p. 74, B1 ; 1555 N State Pkwy ; 72, 151) de 1885, avec ses 19 cheminées. Même si l'archevêque n'y habite pas, le diocèse est toujours propriétaire de l'immeuble.

Explorer

Lincoln Park et Old Town

Lincoln Park est le plus grand espace vert de la ville, avec ses terrains de jeu, ses plans d'eau, ses sentiers, ses plages et son zoo. Le quartier homonyme compte des restaurants haut de gamme, des boutiques branchées et des clubs de blues et de rock très animés. Au sud, l'élégant Old Town se raccroche à son passé hippie avec ses bars bohèmes et son célèbre théâtre d'improvisation, Second City.

Notre sélection

- ***Lincoln Park (p. 82)****. Les allées du parc, les lions du zoo et le calme du bassin aux nénuphars.*
- ***Second City (p. 92)****. Un spectacle comique improvisé dans ce lieu légendaire, où l'on suggère des intrigues aux acteurs, un verre à la main.*
- ***North Avenue Beach (p. 88)****. Une balade, un tour en kayak, ou en paddle pour profiter du soleil.*
- ***Steppenwolf Theatre (p. 92)****. Une pièce sulfureuse jouée par une troupe lauréate du prix Pulitzer, qui compte nombre de stars.*

Comment y aller et circuler

M Lignes marron, violette ou rouge, arrêt Fullerton pour Lincoln Park ; lignes marron ou violette, arrêt Sedgwick pour Old Town.

Le n°151 parcourt Michigan Ave.

Il est compliqué de se garer. À Old Town, tentez le parking de Piper's Alley, sur North Ave et Wells St.

Plan de Lincoln Park et Old Town p. 86

Lincoln Park (p. 82)

Les incontournables

Lincoln Park

Ce parc, le plus vaste de Chicago, a donné son nom au quartier. Le Lincoln Park étend ses 485 ha sur 9,5 km entre North Ave et Diversey Pkwy, au nord, où il se rétrécit et se prolonge jusqu'à la fin de Lake Shore Dr. Il est la coqueluche des habitants, qui viennent s'y balader, pique-niquer, se faire bronzer et visiter le zoo.

PLAN P. 86, G5

www.chicagoparkdistrict.com

6h-23h

22, 151, 156

Zoo et autres sites gratuits

Ouvert depuis 1868, le zoo de Lincoln Park (photo ; p. 88), gratuit, a enchanté des générations de *Chicagoans*. Situé en plein centre du parc, il est très fréquenté par les familles. L'espace africain Regenstein permet de s'approcher des hippopotames pygmées et des crocodiles nains, alors que la maison des Singes est peuplée de gorilles et chimpanzés se balançant d'une branche à l'autre. Les singes des neiges, eux, prennent le frais dans la forêt des Macaques. Les serres (p. 89) et le discret jardin aux nénuphars (p. 85) sont juste à côté – et gratuits.

Lincoln et Couch Mausoleum

À la lisière sud du parc se dresse la sculpture d'Augustus Saint-Gaudens **Standing Lincoln** (W LaSalle Dr ; 22) représentant le 16e président des États-Unis, pensif, avant de prononcer un discours. Pour les mains et le visage, Saint-Gaudens a utilisé des moulages effectués du temps où Lincoln était vivant. La statue est érigée derrière le Chicago History Museum (p. 88).

À proximité, à l'angle de LaSalle Dr et de Clark St, jetez un coup d'œil au **Couch Tomb** (W LaSalle Dr ; 22). C'est l'unique vestige du cimetière municipal où reposaient des soldats confédérés morts à Camp Douglas, un camp de prisonniers unioniste installé au sud de la ville pendant la guerre civile. La municipalité déplaça les tombes en 1864 pour la création du parc.

Les plages et au-delà

Le zoo, les jardins et les monuments ne sont pas les seuls attraits de ce parc. En remontant vers le nord, on aboutit à des marinas, des terrains de golf, une réserve d'oiseaux et des clubs d'aviron. Le **Lakefront Trail** (promenade du lac) longe le parc à l'est et dessert plusieurs plages.

★ À savoir

- Des marchés et de nombreux stands de plats à emporter jalonnent Clark St ou Diversey Pkwy, parfaits pour des pique-niques.
- Des bornes de vélos Divvy (p. 149) se trouvent à l'angle de Lake Shore Dr et de North Blvd au Chixago History Museum, ou devant l'immeuble du Theater on the Lake (près du croisement entre Lake Shore Dr et W Fullerton Pkwy). Très pratique pour sillonner le parc.
- Les mercredis et samedis matin, se tient le Green City Market (p. 93).

Une petite pause ?

Le Sultan's Market (p. 91) propose une cuisine du Moyen-Orient sans chichis et généreuse.

Pour un cocktail, cap sur le toit-terrasse du bar du **J Parker** (312-254-4747 ; www.jparkerchicago.com ; 1816 N Clark St, 13e niv ; 17h-1h lun-jeu, 15h-1h ven, 11h30-1h sam-dim ; 22).

Promenade à pied

Le Lincoln Park en famille

Une journée au Lincoln Park promet d'occuper toute la famille à moindres frais. Des générations d'habitants de Chicago l'ont fréquenté pour profiter de sa verdure, des berges du lac et de son zoo, l'un des derniers gratuits du pays.

Itinéraire

Départ Farm-in-the-Zoo (151, 156)

Arrivée Fullerton Beach (151, 156)

Distance 3,2 km

Durée 4-5 heures

❶ Farm-in-the-Zoo

Partez de l'ample grange de la **Farm-in-the-Zoo** (www.lpzoo.org/exhibit/farm-zoo ; 1911 North Stockton Dr ; gratuit ; ⌚10h-17h lun-ven, 10h-18h30 sam-dim juin-août, 10h-17h avr, mai et sept-oct, 10h-16h30 nov-mars), où les enfants pourront caresser les moutons, voir les poussins éclore et traire une vache.

❷ Nature Boardwalk et Education Pavilion

Tout de suite au nord, la **Nature Boardwalk** est une promenade de 800 m à travers l'écosystème humide de la South Pond. Des pancartes informent sur l'environnement marécageux et sa faune. Du côté est, vous passerez sous une arche évoquant les années 1960 : l'**Education Pavilion**. Conçue par l'architecte et vedette locale Jeanne Gang (célèbre pour son Aqua Tower), elle est censée ressembler à la carapace d'une tortue.

❸ RJ Grunts

La marche, ça creuse. Sortez du parc pour déjeuner au **RJ Grunts** (☎773-929-5363 ; www.rjgruntschicago.com ; 2056 N Lincoln Park W ; plats 11,50-22 $; ⌚11h30-23h lun-ven, 10h-23h sam, 10h-21h dim ; 👪). Le personnel s'occupe de ranger la poussette et vous, vous vous régalez de milk-shakes chocolat-cacahuètes-bananes et de burgers. Menu et ambiance animée, tout à fait adaptés aux enfants.

❹ Lincoln Park Zoo

Après le déjeuner, explorez le **Lincoln Park Zoo** (p. 88) et ses deux attractions phares : les régions géographiques reconstituées du Regenstein African Journey et les singes qui gambadent dans l'Ape House.

❺ Alfred Caldwell Lily Pool

Après avoir déambulé dans le zoo, continuez à travers le parc en direction du nord pour gagner l'oasis discrète de l'**Alfred Caldwell Lily Pool** (www.lincolnparkconservancy.org ; 2391 N Stockton Dr ; gratuit ; ⌚7h30-crépuscule mi-avr à mi-nov), un jardin aux nénuphars où retrouver la sérénité pendant que vos petits vont à la rencontre des tortues et chassent les libellules.

❻ Fullerton Beach

Cela fait désormais plus de 4 heures que vous arpentez le parc. Si vous en avez encore l'énergie, longez Fullerton Pkwy vers l'est jusqu'à **Fullerton Beach**, et mettez-vous à la recherche d'un coin de sable tranquille pour paresser au soleil et faire des pâtés de sable. Un promontoire incurvé offre une vue remarquable sur l'horizon urbain : l'arrière-plan idéal pour une photo souvenir en famille !

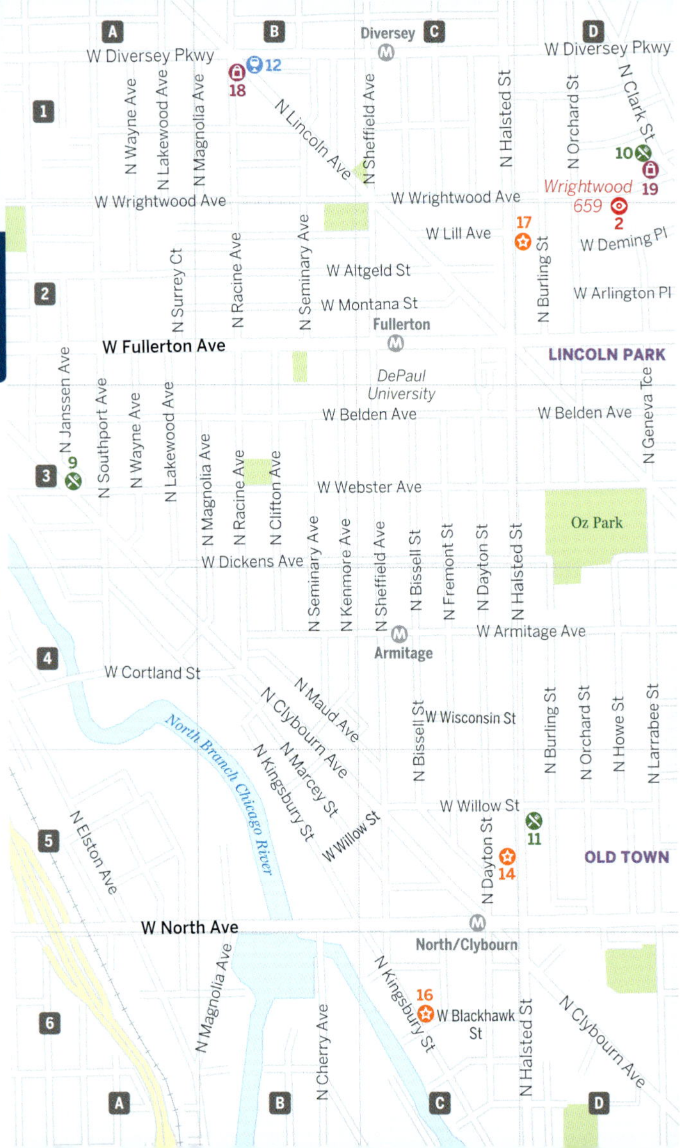
A
B
C
D
1
2
3
4
5
6
Diversey
W Diversey Pkwy
12
18
N Wayne Ave
N Lakewood Ave
N Magnolia Ave
N Lincoln Ave
N Sheffield Ave
N Halsted St
N Orchard St
N Clark St
10
19
Wrightwood
659
2
W Wrightwood Ave
17
W Lill Ave
W Deming Pl
N Surrey Ct
N Racine Ave
N Seminary Ave
W Altgeld St
W Montana St
N Burling St
W Arlington Pl
Fullerton
W Fullerton Ave
LINCOLN PARK
N Janssen Ave
N Southport Ave
DePaul University
W Belden Ave
N Geneva Tce
9
N Clifton Ave
W Webster Ave
Oz Park
W Dickens Ave
N Kenmore Ave
N Bissell St
N Fremont St
N Dayton St
W Armitage Ave
Armitage
W Cortland St
N Maud Ave
N Clybourn Ave
North Branch Chicago River
N Marcey St
N Kingsbury St
W Wisconsin St
N Howe St
N Larrabee St
W Willow St
11
N Elston Ave
14
OLD TOWN
W North Ave
North/Clybourn
N Cherry Ave
16
W Blackhawk St

Nos adresses
Les incontournables p. 82
Voir p. 88
Se restaurer p. 90
Prendre un verre p. 91
Sortir p. 92
Shopping p. 93
500 m
0,25 mile
Diversey Harbor
North Pond
Lincoln Park
Sultan's Market
Peggy Notebaert Nature Museum
5
Fullerton Beach
W Fullerton Pkwy
6
Lincoln Park Conservatory
Lincoln Park Zoo
3
Lincoln Park Zoo
South Lagoon
Lac Michigan
South Pond
Lincoln Park
Green City Market
Lincoln Park
1
North Avenue Beach
W LaSalle Dr
Chicago History Museum
4
15
13
8
7
Sedgwick
W North Ave
E North Blvd
W Wrightwood Ave
N Lakeview Ave
N Cannon Dr
N Stockton Dr
N Lake Shore Dr
N Cleveland Ave
W Webster Ave
N Lincoln Park W
W Dickens Ave
N Lincoln Ave
N Clark St
N Stockton Dr
N Cannon Dr
N Mohawk St
N Hudson Ave
W Wisconsin St
W Menomonee St
W Willow St
N Wells St
W Eugenie St
N Sedgwick St
N Hudson Ave
N Lake Shore Dr
W Blackhawk St
N North Park Ave
N Wieland St
N LaSalle Dr
N Clark St
N Dearborn St
W Burton Pl
N State Pkwy
N Astor St
W Schiller St
W Evergreen Ave

Voir

North Avenue Beach

PLAGE

1 PLAN P. 86, H5

La plage la plus connue de Chicago a comme un petit goût de Californie. Beach-volley pour les sportifs, châteaux de sable pour les enfants et, quand il fait chaud, plongeons dans le lac pour tout le monde ! Un club de plage (*beach house*) en forme de paquebot propose concerts, animations avec des DJ et vente de glaces ou de margaritas. Location de kayaks, jet-skis, paddles, vélos et transats, et cours de yoga tous les jours sur la plage. (www.cpdbeaches.com ; 1600 N Lake Shore Dr, Lincoln Park ; 6h-23h ; ; 151)

Wrightwood 659

GALERIE

2 PLAN P. 86, D2

Passionnés d'architecture moderne, ne manquez pas la nouvelle galerie de Chicago, pensée par Tadao Ando, lauréat du Pritzker Prize. Dans cette zone résidentielle, passé la façade de cet ancien immeuble de 1920, on entre dans un immense atrium de 4 niveaux, tout de béton et de briques recyclées. À chaque étage, des expositions temporaires sur l'architecture et l'art "engagé socialement" (l'exposition inaugurale présentait des œuvres antérieures d'Ando et du maître moderne qu'est Le Corbusier). Sur rendez-vous ; réservation en ligne. (773-437-6601 ; www.wrightwood659.org ; 659 W Wrightwood Ave, Lincoln Park ; 20 $; 14h-20h30 mer, 10h-20h30 jeu-ven, 10h-17h sam ; 22)

Lincoln Park Zoo

ZOO

3 PLAN P. 86, F3

À quelques minutes du centre-ville, ce zoo (gratuit) fondé en 1868 plaît à tous : des lions, des zèbres, des singes des neiges et autres animaux exotiques y cohabitent. À ne pas manquer, la zone africaine Regenstein, l'Arctic Tundra et ses ours polaires, et la promenade de la Nature Boardwalk au milieu des libellules. Au centre d'information (Gateway Pavilion), sur Cannon Drive, vous pourrez vous procurer une carte et les horaires des soins animaliers. (312-742-2000 ; www.lpzoo.org ; 2200 N Cannon Dr, Lincoln Park ; gratuit ; 10h-17h lun-ven, 10h-18h30 sam-dim juin-août, 10h-17h tlj avr-mai, sept-oct, 10h-16h30 tlj nov-mar ; ; 22, 151, 156)

Chicago History Museum

MUSÉE

4 PLAN P. 86, F5

L'histoire de Chicago vous intéresse ? Les présentations multimédias de ce musée vous feront voyager dans le temps depuis le Grand Feu de 1871 jusqu'à la convention démocrate de 1968. Le lit de mort du président Lincoln y est exposé, ainsi que la célèbre cloche de la vache de Mme O'Leary. À l'espace enfants, petits et grands pourront se transformer en hot-dog géant le temps d'une photo. (☎312-642-4600 ; www.chicagohistory.org ; 1601 N Clark St, Lincoln Park ; adulte/enfant 19 $/gratuit ; 9h30-16h30 lun, mer-sam, 9h30-21h mar, 12h-17h dim ; ; 22)

Peggy Notebaert Nature Museum

MUSÉE

5 PLAN P. 86, F2

Émerveillement à tous les étages pour les enfants dans ce musée : du rez-de-chaussée où tortues et grenouilles pataugent librement dans une mare à la volière sur le toit, en passant par un havre à papillons. Vérifiez l'heure où l'on nourrit les animaux pour programmer votre visite. L'hiver, le Green City Market (p. 93) prend ses quartiers ici, le samedi. (☎773-755-5100 ; www.naturemuseum.org ; 2430 N Cannon Dr ; adulte/enfant 9/6 $; 9h-17h lun-ven, 10h-17h sam-dim ; ; 76, 151)

Lincoln Park Conservatory

JARDIN

6 PLAN P. 86, F2

Palmiers du désert, fougères de la jungle, orchidées tropicales, Show House... Dans ce jardin de 1,2 ha, vous ferez le tour du monde en 30 minutes. Sous le verre de la serre, il fait chaud (24°C) et humide, même en hiver. (☎312-742-7736 ; www.lincolnparkconservancy.org ; 2391 N Stockton Dr, Lincoln Park ; gratuit ; 9h-17h ; 151)

North Avenue Beach

BRUCE LEIGHTY/GETTY IMAGES ©

Se restaurer

Small Cheval

BURGERS $

7 PLAN P. 86, F6

Cet antre du burger excelle dans sa spécialité : de délicieux burgers haut de gamme, pur bœuf, avec ou sans fromage, accompagnés de frites bien dorées et d'un milk-shake, d'un shot ou d'une bière (voire des trois pour une soirée festive). Dégustez votre repas sur les tables de pique-nique montées dans le patio à l'avant. Autre adresse à Wicker Park (p. 110). (www.smallcheval.com ; 1345 N Wells St, Old Town ; burgers 9-10 $; 11h-23h lun-jeu, 11h-1h ven-sam, 11h-22h dim ; M Ligne rouge, arrêt Clark/Division)

La Fournette

BOULANGERIE $

8 PLAN P. 86, F6

Le chef est alsacien et sa boulangerie au cachet rétro offre un joli choix de macarons, pains au fromage, baguettes croustillantes et croissants. Sur place, un café torréfié localement chez Intelligentsia accompagnera votre petit-déjeuner. Délicieuses soupes, crêpes, quiches et sandwichs. (312-624-9430 ; www.lafournette.com ; 1547 N Wells St, Old Town ; pâtisseries 2-10 $; 7h-18h30 lun-sam, 7h-17h30 dim ; M Lignes marron ou violette, arrêt Sedgwick)

Pequod's Pizza

PIZZERIA $

9 PLAN P. 86, A3

Ce restaurant de quartier tire son nom du bateau de Moby Dick. Il est réputé pour sa pizza *pan-style* (une variante de la *deep-dish*), un cran au-dessus de celle des pizzerias de chaînes. Ce qui fait la différence ? Son fromage caramélisé, ses garnitures généreuses et sa sauce sucrée et parfumée. Briques apparentes et néons publicitaires aux murs, mais aussi maillots des Blackhawks au plafond composent une déco sympathique. (773-327-1512 ; www.pequodspizza.com ; 2207 N Clybourn Ave, Lincoln Park ; petites pizzas à partir de 12 $; 11h-2h lun-sam, 11h-minuit dim ; 9, arrêt Webster)

Wieners Circle

STAND DE HOT DOGS $

10 PLAN P. 86, D1

Aussi connu pour son ambiance débridée que pour ses hot dogs grillés et ses frites au cheddar, le

Promenade en métro aérien

Le métro aérien (L) permet de visiter la ville pour une somme dérisoire. Pour une meilleure vue, faites le tour du Loop avec la ligne marron. Prenez le métro à Lincoln Park, soit à l'arrêt Fullerton, soit à l'arrêt Armitage et asseyez-vous côté fenêtre. Dans les wagons qui mènent au centre-ville, vous frôlerez les gratte-ciel.

Wieners Circle est tranquille la journée et les soirs de semaine. Le spectacle se passe les soirs de week-end, à partir de 2h du matin, lorsque les bars alentours ferment : les voix s'élèvent et l'ambiance s'échauffe entre le personnel et les clients. (☎773-477-7444 ; 2622 N Clark St, Lincoln Park ; hot dogs 3,50-5,50 $; 11h-4h dim-jeu, 11h-5h ven-sam ; M Lignes marron ou violette, arrêt Diversey)

Alinea GASTRONOMIQUE $$$

11 PLAN P. 86, D5

Classé parmi les meilleurs restaurants au monde, Alinea enchante par son menu de cuisine moléculaire. Beaucoup de plats sont composés d'ingrédients émanant d'une centrifugeuse, ils sont encapsulés et servis sur un coussin parfumé à la lavande. Réservations sur le site Internet deux ou trois mois à l'avance ou à la dernière minute sur le compte Twitter (@Alinea). (☎312-867-0110 ; www.alinearestaurant.com ; 1723 N Halsted St, Old Town ; menu 10/16 plats 205/290 $; 17h-22h ; M Ligne rouge, arrêt North/Clybourn)

Le Sultan's Market

Dans ce restaurant tenu en famille, les habitués se régalent d'assiettes remplies de falafels, houmous, *shawarma* d'agneau, tartes aux épinards et autres spécialités du Moyen-Orient. Notons aussi le vaste comptoir à salades. Le **Sultan's Market** (Plan p. 86 E2 ; ☎872-253-1489 ; 2521 N Clark St, Lincoln Park ; plats 4-10 $; 10h-22h lun-sam, 10h-21h dim ; ; M Lignes marron, violette ou rouge, arrêt Fullerton) ne compte qu'une petite salle de quelques tables, mais le Lincoln Park est juste à côté pour pique-niquer.

Prendre un verre

Delilah's BAR

12 PLAN P. 86, B1

Cet établissement, atypique dans le quartier, a été surnommé à juste titre par un barman la "fierté de Lincoln Avenue". Il faut dire qu'on y trouve le meilleur choix de whiskies (plus de 860 variétés) de Chicago et moult bières : pressions locales de caractère et internationales en bouteilles. (☎773-472-2771 ; www.delilahschicago.com ; 2771 N Lincoln Ave, Lincoln Park ; 16h-2h dim-ven, 16h-3h sam ; M Ligne marron, arrêt Diversey)

Old Town Ale House BAR

13 PLAN P. 86, F5

Situé en face du Second City (p. 92), ce bar sans prétention accueille jusqu'à tard les habitués depuis 1958. Ses murs couverts de tableaux, dont des nus d'hommes politiques, créent une atmosphère spéciale. Le juke-box diffusant du jazz classique ajoute à l'ambiance pendant que l'on sirote sa pinte de bière. Paiement en espèces uniquement. (☎312-944-7020 ; www.theoldtownalehouse.com ; 219 W North Ave, Old Town ; 15h-4h lun-ven, 12h-5h sam, 12h-4h dim ; M Lignes marron ou violette, arrêt Sedgwick)

Sortir

Steppenwolf Theatre

THÉÂTRE

14 PLAN P. 86, C5

Le Steppenwolf est l'une des scènes les plus réputées de Chicago grâce à ses productions audacieuses de qualité. Parmi ses membres, on compte des pointures hollywoodiennes telles que Gary Sinise et John Malkovich. Bon plan : tous les jours, 20 places à 20 $ sont proposées pour le soir même. Rendez-vous à la billetterie à 11h du mardi au samedi, à 13h le dimanche ou réservez-les par téléphone. (☎312-335-1650 ; www.steppenwolf.org ; 1650 N Halsted St, Lincoln Park ; billetterie 11h-18h30 mar-sam, 13h-18h30 dim ; M Ligne rouge, arrêt North/Clybourn)

Second City

HUMOUR

15 PLAN P. 86, F5

Bill Murray, Tina Fey et bien d'autres ont fait leurs premières armes dans ce théâtre ouvert tous les soirs. La scène principale et la scène ETC (même qualité et même prix) accueillent des sketchs avec improvisations. Vers 22h du lundi au jeudi (1h le samedi ou 21h le dimanche), on peut assister à des spectacles de stand-up gratuits. (☎312-337-3992 ; www.secondcity.com ; 1616 N Wells St, Old Town ; billets 35-55 $; M Lignes marron ou violette, arrêt Sedgwick)

Steppenwolf Theatre

iO Theater

HUMOUR

16 PLAN P. 86, C6

Cet autre grand théâtre d'improvisation de Chicago (et l'un des moins chers), avec son style corrosif bien à lui, présente des spectacles à l'esprit canaille tous les soirs. Deux bars et un *beer garden* s'ajoutent aux quatre scènes. (312-929-2401 ; www.ioimprov.com ; 1501 N Kingsbury St, Lincoln Park ; billets 5-16 $; Ligne rouge, arrêt North/Clybourn)

BLUES

CLUB DE BLUES

17 PLAN P. 86, D2

Ce club tout en longueur attire une clientèle un peu plus âgée qui vient dans ce lieu chargé d'histoire pour s'imprégner de l'âme du blues. De grands noms viennent enflammer la petite scène. (773-528-1012 ; www.chicagobluesbar.com ; 2519 N Halsted St, Lincoln Park ; entrée 5-10 $; 20h-2h mer-dim ; Lignes marron, violette ou rouge, arrêt Fullerton)

Shopping

Rotofugi

JOUETS

18 PLAN P. 86, B1

Ce magasin de jouets est spécialisé en designers urbains. On y trouve des peluches et autres articles au caractère futuriste. Le lieu est aussi une galerie exposant illustrateurs et artistes pop art moderne. Ses étagères sont peuplées de Shawnimals : des créatures sorties de l'esprit de Shawn Smith, originaire de Chicago. (773-868-3308 ; www.rotofugi.com ; 2780 N Lincoln Ave, Lincoln Park ; 11h-19h lun-ven, 10h-18h sam-dim ; Lignes marron ou violette, arrêt Diversey)

Green City Market

Choux rouges, radis, asperges et autres fruits et légumes colorés se retrouvent sur les étals du plus grand marché de producteurs de Chicago. Cherchez la tente où les cuisiniers comme Stephanie Izard, lauréate du *Top Chef* local, vous concoctent des petits plats à partir des produits du marché. (Plan p. 86, F5 ; 773-880-1266 ; www.greencitymarket.org ; 1790 N Clark St, Lincoln Park ; 7h-13h mer et sam mai-oct ; 22).

Dave's Records

MUSIQUE

19 PLAN P. 86, D1

Le magazine *Rolling Stone* considère ce magasin de disques comme l'un des meilleurs du pays. Sa devise "tout le vinyle, en tout temps" invite les passionnés à fouiller dans les caisses pleines de disques de rock, jazz, blues, folk et house. Dave est lui-même derrière le comptoir sur lequel vous dénicherez peut-être une perle rare parmi les disques soldés à 25 cents. (773-929-6325 ; www.davesrecordschicago.com ; 2604 N Clark St ; 11h-20h lun-sam, 12h-19h dim ; Lignes marron ou violette, arrêt Diversey)

Explorer

Lake View et Wrigleyville

Le quartier animé de Lake View est couru pour son enfilade de bars, de théâtres, de salles de concert et de restaurants du monde. Wrigleyville abrite le Wrigley Field, stade de base-ball, entouré de bars, boutiques et restos tendance. Les drapeaux arc-en-ciel qui flottent non loin indiquent Boystown, fief des adresses gays.

Notre sélection

- ***Wrigley Field (p. 96)***. *Un après-midi bien passé dans les gradins du stade des Cubs, un hot dog et une bière à la main.*
- ***Metro (p. 101)***. *Un concert d'un groupe montant dans la plus grande salle rock de Chicago, d'où émergent des stars depuis plus de 30 ans.*
- ***Boystown (p. 99)***. *La vie nocturne trépidante du principal quartier gay de Chicago, fleuri de drapeaux arc-en-ciel.*
- ***Restaurants du monde (p. 99)***. *Un poulet frit coréen, des gâteaux philippins, des nouilles thaïlandaises dans l'un des restaurants du monde aux prix raisonnables.*

Comment y aller et circuler

M Ligne rouge, arrêt Addison pour Wrigleyville et ses environs ; lignes rouge, marron ou violette, arrêt Belmont pour Boystown.

Le n° 77 sillonne Belmont Ave.

Se garer est un cauchemar, surtout à Wrigleyville, dont les petites rues sont réservées aux riverains. Prenez les transports en commum !

Plan de Lake View et Wrigleyville p. 98

Yu Darvish, lanceur pour les Chicago Cubs, à Wrigley Field (p. 96)

Les incontournables

Wrigley Field

Construit en 1914, le Wrigley Field – nommé aussi Friendly Confines – est le deuxième plus ancien stade de base-ball de la Ligue majeure américaine. De nombreuses traditions et légendes lui sont attachées, y compris une "malédiction", puisque son club a passé 108 ans sans remporter aucun championnat. Il reprend néanmoins vie depuis la victoire des Cubs lors de la World Series. De nombreuses adresses gourmandes et familiales ont vu le jour à proximité.

PLAN P. 98, B3

800-843-2827

www.cubs.com

1060 W Addison St, Wrigleyville

M Ligne rouge, arrêt Addison

Environs

Le stade fait partie du patrimoine américain avec ses tableaux de score tournés manuellement, ses murs couverts de lierre et son nom écrit en grandes lettres au néon au-dessus de l'entrée. Entouré de maisons, de bars et de restaurants, il occupe un emplacement unique, au milieu d'un quartier résidentiel. Juste au nord de l'entrée principale, des tables, un café et un écran géant sont installés autour d'une grande pelouse appelée **Gallagher Way** (www.gallagherway.com ; 3637 N Clark St, Wrigleyville).

Malédiction

L'histoire commence en 1945 avec Billy Sianis, propriétaire de la Billy Goat Tavern. Cette année-là, les Cubs sont en finale de la World Series contre les Detroit Tigers. Quand Sianis tente d'entrer dans le stade avec sa chèvre pour voir le match, il est refoulé par la sécurité au prétexte que l'animal sent mauvais. Les bras en l'air, Sianis lance alors sa malédiction : jamais plus les Cubs ne remporteront les World Series. Et le fait est qu'il faudra attendre 2016 et une compétition pleine de rebondissements pour assister de nouveau à une victoire des Cubs ! Quelques jours plus tard, on estime que plus de 5 millions de supporters ont fêté la victoire de l'équipe, saluée par un défilé.

Traditions

Au milieu de la septième manche, vient un moment de pure tradition : tout le monde se lève et entonne *Take Me Out to the Ballgame*, emmené par une célébrité invitée (Mr T, Ozzy Osbourne, le présentateur météo du coin, etc.). Autre tradition : si vous attrapez la balle d'un *home run*, vous aurez l'honneur de la relancer sur le terrain.

★ À savoir

- Achetez vos billets sur le site des Cubs ou directement au stade. Le site **StubHub** (www.stubhub.com) propose des billets à tarif réduit.
- Les sièges situés tout en haut des gradins sont souvent bon marché. La vue reste acceptable.
- Des visites guidées du stade (1 heure 30, 25 $) sont organisées presque tous les jours d'avril à septembre : préférez les jours sans match, la visite est plus riche.

Une petite pause ?

Avant le match, il est de tradition d'aller prendre une bière chez **Murphy's Bleachers** (773-281-5356 ; www.murphysbleachers.com ; 3655 N Sheffield Ave, Wrigleyville ; 11h-2h), à deux pas du stade.

Pour découvrir le nouveau visage de Wrigley, commandez un whisky rare à Mordecai (p. 100) et visez une place en terrasse.

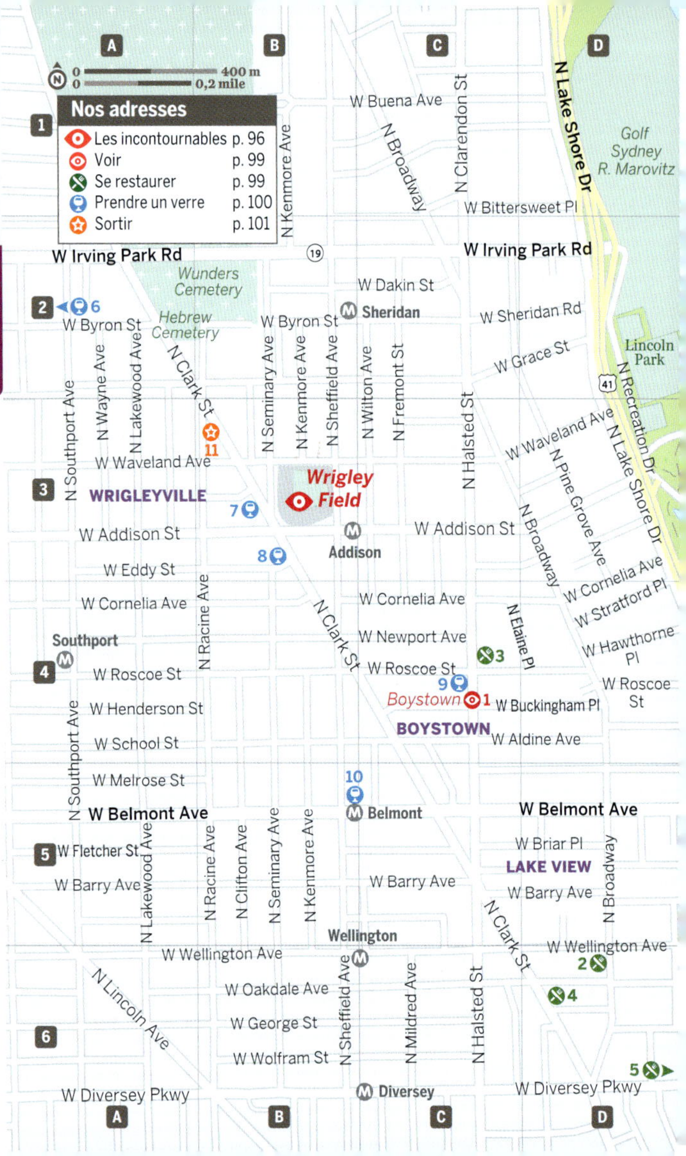
A
B
C
D
0 400 m
0 0,2 mile
Nos adresses
Les incontournables p. 96
Voir p. 99
Se restaurer p. 99
Prendre un verre p. 100
Sortir p. 101
1
2
3
4
5
6
W Buena Ave
N Clarendon St
N Broadway
N Lake Shore Dr
Golf Sydney R. Marovitz
W Bittersweet Pl
N Kenmore Ave
W Irving Park Rd
19
W Irving Park Rd
Wunders Cemetery
Hebrew Cemetery
W Dakin St
Sheridan
W Sheridan Rd
W Grace St
Lincoln Park
41
N Recreation Dr
6
W Byron St
W Byron St
N Southport Ave
N Wayne Ave
N Lakewood Ave
N Clark St
N Seminary Ave
N Kenmore Ave
N Sheffield Ave
N Wilton Ave
N Fremont St
N Halsted St
W Waveland Ave
N Lake Shore Dr
11
W Waveland Ave
WRIGLEYVILLE
Wrigley Field
7
N Pine Grove Ave
N Broadway
W Addison St
W Addison St
8
Addison
W Eddy St
N Racine Ave
W Cornelia Ave
W Cornelia Ave
W Cornelia Ave
W Stratford Pl
N Clark St
N Elaine Pl
W Hawthorne Pl
Southport
W Newport Ave
3
W Roscoe St
W Roscoe St
W Roscoe St
9
Boystown
1
W Buckingham Pl
W Henderson St
BOYSTOWN
W Aldine Ave
W School St
W Melrose St
10
N Southport Ave
W Belmont Ave
Belmont
W Belmont Ave
W Briar Pl
W Fletcher St
N Lakewood Ave
N Racine Ave
N Clifton Ave
N Seminary Ave
N Kenmore Ave
LAKE VIEW
N Broadway
W Barry Ave
W Barry Ave
W Barry Ave
N Clark St
Wellington
W Wellington Ave
W Wellington Ave
2
N Lincoln Ave
W Oakdale Ave
N Sheffield Ave
N Mildred Ave
N Halsted St
4
W George St
W Wolfram St
5
W Diversey Pkwy
Diversey
W Diversey Pkwy

Voir

Boystown

QUARTIER

1 PLAN P. 98, C4

Fief de la communauté gay (plutôt masculine), Boystown habille ses rues de drapeaux arc-en-ciel et foisonne de bars, de boutiques et de restaurants. (entre Halsted St et Broadway, Belmont Ave et Addison St, Boystown ; M Ligne rouge, arrêt Addison)

Se restaurer

Crisp

CORÉEN $

2 PLAN P. 98, D6

Sur une petite musique d'ambiance, de délicieuses recettes d'inspiration coréenne sortent en cadence des cuisines de ce café à la bonne ambiance. Le Crisp prépare ainsi un "Bad Boy Buddha", une variante du *bibimbap* pour un repas à la fois équilibré et succulent, et des recettes de poulet frit (en particulier le "Seoul Sassy" et sa sauce soja-gingembre) qui font saliver à des lieues à la ronde. (773-697-7610 ; www.crisponline.com ; 2940 N Broadway, Lake View ; plats 8-14 $; 11h30-21h ; M Lignes marron ou violette, arrêt Wellington)

Chicago Diner

VÉGÉTARIEN $

3 PLAN P. 98, C4

Le succès de ce *diner*, référence absolue pour les végétariens de Chicago, ne date pas d'hier (un panneau indique "sans viande depuis 1983"). Mention spéciale pour le pain de lentilles (une réinvention du pain de viande avec une sauce aux truffes), au Radical Reuben (un sandwich au seitan façon corned-beef) et aux milk-shakes (à base de glace végétalienne et de lait de soja). Tables rouge vif, banquettes en bois, et tabourets au comptoir donnent au lieu une ambiance vintage. (773-935-6696 ; www.veggiediner.com ; 3411 N Halsted St, Boystown ; plats 10-14 $; 11h-22h lun-jeu, 11h-23h ven, 10h-23h sam, 10h-22h dim ; ; M Ligne rouge, arrêt Addison)

Gundis Kurdish Kitchen

KURDE $$

4 PLAN P. 98, D6

Les propriétaires, originaires du sud de la Turquie, sont venus avec la cuisine kurde dans leurs valises. Citons le *sac tawa*, un sauté traditionnel avec viande, poivrons et tomates cuits dans une poêle plate, et le *tirsik*, un ragoût d'aubergines, de carottes et d'autres légumes avec une sauce épicée. Le soleil chauffe les briques apparentes de cette salle spacieuse la journée, et des luminaires suspendus créent une atmosphère romantique le soir. (773-904-8120 ; www.thegundis.com ; 2909 N Clark St, Lake View ; plats 17-26 $; 9h-21h lun, mer et jeu, 9h-22h ven-sam, 9h-20h dim ; M Ligne marron ou violette, arrêt Wellington)

mfk

ESPAGNOL $$

5 PLAN P. 98, D6

Une petite salle chic et lumineuse à deux pas du lac, où la cuisine

Jour de match à Wrigleyville

Si un match des Cubs se tient à Wrigley Field, le quartier entre en ébullition. Environ 30 000 personnes arpentent alors les rues autour du stade. Bus et métros bondés, circulation contrariée, bars et restaurants pleins à craquer. Pour un peu plus de calme, il vaut mieux choisir un jour sans match.

lorgne du côté de l'Espagne : têtes de gambas croustillantes, poulpe à l'ail et boulettes de veau dans les assiettes ; et dans les verres, des cocktails pleins de soleil et une carte des vins faisant la part belle aux blancs et rosés. Que du plaisir ! Le nom vient de l'écrivaine M.F.K. Fisher, gastronome en avance sur son temps. (773-857-2540 ; www.mfkrestaurant.com ; 432 W Diversey Pkwy, Lake View ; petites assiettes 10-20 $; 17h-22h mar, 12h-22h mer-jeu et dim, 12h-minuit ven-sam ; 22)

Prendre un verre

Ten Cat Tavern

PUB

6 PLAN P. 98, A2

On ne plaisante pas avec le billard autour des deux tables vintage de ce pub. Les œuvres souvent renouvelées des artistes du quartier attirent le regard, et le mobilier ferait pâlir d'envie un brocanteur. Les jeunes habitués descendent des boissons au comptoir ou, l'été, dans le *beer garden*. Cheminée dans l'arrière-salle. (773-935-5377 ; 3931 N Ashland Ave, Lake View ; 15h-2h ; M Ligne marron, arrêt Irving Park)

Mordecai

BAR À COCKTAILS

7 PLAN P. 98, B3

Mordecai Brown, idole des Cubs au début du XXe, prête son nom à ce bar élégant de l'Hotel Zachary. La remarquable carte des cocktails met en avant des whiskys vintage. Les en-cas, comme les *cheese curds* panés à la bière et saupoudrés de bonite séchée ainsi que d'épice *togarashi*, brouillent les frontières entre les cuisines. Ouvre trois heures avant les matchs des Cubs. (773-269-5410 ; www.mordecaichicago.com ; 3632 N Clark St, Wrigleyville ; 17h-23h dim-jeu, 17h-minuit ven-sam ; M Ligne rouge, arrêt Addison)

Smart Bar

CLUB

Le Smart Bar, club bien connu mais sans prétention, se situe au sous-sol du club de rock Metro (voir 11 plan p. 98, B3). Les excellents DJ qui s'y produisent remplissent la petite salle, à l'origine plutôt intimiste, et mixent essentiellement de la house et de la techno. (773-549-4140 ; www.smartbarchicago.com ; 3730 N Clark St, Wrigleyville ; billets 5-15 $; 22h-4h jeu-ven et dim, 22h-5h sam ; M Ligne rouge, arrêt Addison)

Sluggers

BAR SPORTIF

8 PLAN P. 98, B3

Travaillez votre frappe dans ce bar-grill kitsch mais populaire situé en face du Wrigley Field. Esquivez les supporters des Cubs avinés et les écrans de télévision géants pour monter au 2e niveau, équipé de quatre cages de frappeur (dix lancers 2 $). (773-472-9696 ; www.sluggersbar.com ; 3540 N Clark St, Wrigleyville ; 11h-2h dim-ven, 11h-3h sam ; M Ligne rouge, arrêt Addison)

Roscoe's Tavern

GAY

9 PLAN P. 98, C4

Refuge du public de Boystown depuis plus de trois décennies. Différents coins pour diverses ambiances : comptoir décontracté à l'avant, discothèque à l'arrière et patio inondé de soleil à l'extérieur. *Drag shows* télévisés, karaokés et duels aux pianos rythment la semaine. (773-281-3355 ; www.roscoes.com ; 3356 N Halsted St, Boystown ; 17h-2h lun-jeu, 12h-2h ven et dim, 12h-3h sam ; M Lignes rouge, marron ou violette, arrêt Belmont)

Berlin

CLUB

10 PLAN P. 98, B5

Le *Dance floor* bondé du Berlin accueille une clientèle plutôt gay en milieu de semaine et de tous bords le week-end. Des écrans diffusent des clips de pop ou d'électro et les DJ font monter la température avec de la musique trance. L'entrée coûte 10 $ les vendredis et samedis. (773-348-4975 ; www.berlinchicago.com ; 954 W Belmont Ave, Lake View ; 22h-2h lun, 22h-4h mar-jeu et dim, 20h-4h ven, 20h-5h sam ; M Lignes rouge, marron ou violette, arrêt Belmont)

Sortir

Metro

MUSIQUE LIVE

11 PLAN P. 98, B3

Depuis plus de 30 ans, le Metro rime avec l'esprit pur rock. Sonic Youth et les Ramones dans les années 1980, Nirvana et Jane's Addiction dans les années 1990 et les White Stripes et les Killers depuis 2000. Chaque soir se produisent des groupes qui pourraient bien être sur le chemin de la célébrité, mais les grandes pointures y convergent toujours, le tout dans une ambiance qui reste intimiste. (773-549-4140 ; www.metrochicago.com ; 3730 N Clark St, Wrigleyville ; billetterie 12h-18h lun, 12h 20h mar-sam ; M Ligne rouge, arrêt Addison)

Fitz and the Tantrums au Metro

Vaut le détour

Un tour à Andersonville et Uptown

L'ancienne enclave suédoise d'Andersonville est un quartier vivant où les commerces de longue date côtoient les nouveaux restaurants tendance, les antiquaires et les bars LGBTQ. Juste à côté, Uptown présente un tout autre visage entre ses vieux clubs de jazz et sa scène culinaire réputée de "Little Saigon". Les deux quartiers se prêtent à la flânerie.

Comment y aller

M Ligne rouge, arrêt Berwyn. (La ligne rouge s'arrête aussi à Argyle et Lawrence, non loin.)

Le n°22 sur Clark St.

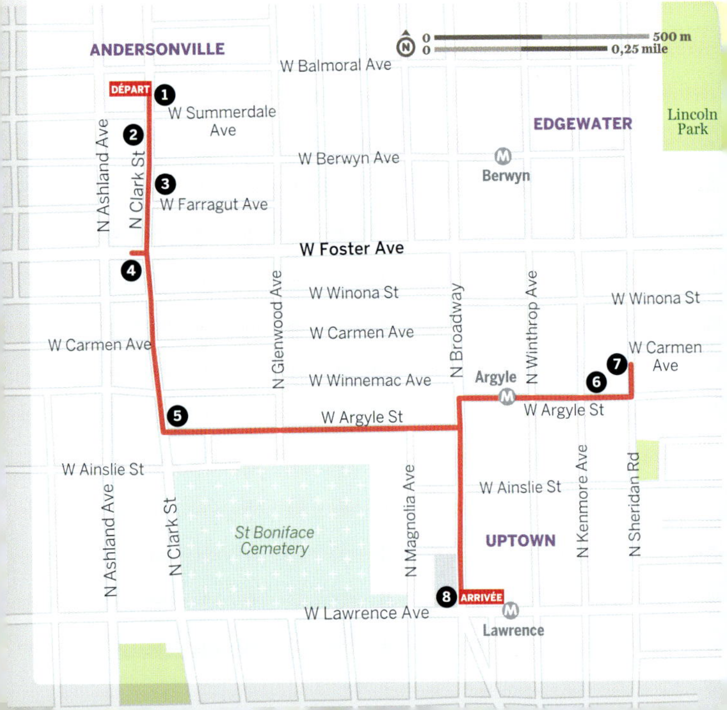

❶ Big Jones

Le plaisant **Big Jones** (☎773-275-5725 ; www.bigjoneschicago.com ; 5347 N Clark St, Andersonville ; plats 14-29 $; ⏲11h-21h lun-jeu, 11h-22h ven, 9h-22h sam, 9h-21h dim) est prisé pour sa cuisine du sud des États-Unis, servant écrevisses et gruau aux crevettes. On s'y presse le week-end pour le copieux brunch.

❷ Lost Larson

À la pointe du design, la boulangerie **Lost Larson** (☎773-944-0587 ; www.lostlarson.com ; 5318 N Clark St, Andersonville ; produits de boulangerie 4,50-7 $; ⏲7h-19h mer-dim) évoque l'immigration à Andersonville avec ses pâtisseries scandinaves, comme des brioches à la cardamome et le gâteau aux airelles rouges et amandes. Le croissant au chocolat vaut le détour à lui seul.

❸ Andersonville Galleria

Sur les trois niveaux de l'**Andersonville Galleria** (☎773-878-8570 ; www.andersonvillegalleria.com ; 5247 N Clark St, Andersonville ; ⏲11h-19h lun-sam, 11h-18h dim), plusieurs dizaines de kiosques proposent cuisine ou œuvres d'art et d'artisanat locales.

❹ Woolly Mammoth

Les **Woolly Mammoth Antiques & Oddities** (☎773-989-3294 ; www.woollymammothchicago.com ; 1513 W Foster Ave, Uptown ; ⏲12h-19h mer-dim, 13h-19h lun, 15h-19h mar) attire les amateurs de curiosités morbides : têtes de poupées inquiétantes, animaux empaillés, etc.

❺ Hot 'G' Dog

Chez **Hot G Dog** (☎773-209-3360 ; www.hotgdog.com ; 5009 N Clark St, Uptown ; hot dog 3-5 $, avec saucisses spéciales 7,50-9 $; ⏲10h30-20h lun-sam, 10h30-16h dim ; ✎), on se régale de hot dogs poulet-pommes-cranberry, avec fromage au whisky et noix de pécan. Ou on opte pour un bon vieux hot dog à la mode de Chicago.

❻ Nha Hang Vietnam

L'humble **Nha Hang Vietnam** (☎773-878-8895 ; 1032 W Argyle St, Uptown ; plats 8-14 $; ⏲8h30-22h lun et mer-sam, 8h30-21h dim) sert des plats délicieux et authentiques. Testez le *pho* bouillant ou le poisson-chat dans son pot en argile.

❼ Big Chicks

L'emblématique **Big Chicks** (☎773-728-5511 ; www.bigchicks.com ; 5024 N Sheridan Rd, Uptown ; ⏲16h-2h lun-ven, 8h30-2h sam, 10h-2h dim ; 📶) est un pilier de la communauté *queer* à Chicago. Il s'adresse néanmoins à tous, avec DJ sets, piste de danse et ambiance accueillante.

❽ Green Mill

L'intemporel **Green Mill** (☎773-878-5552 ; www.greenmilljazz.com ; 4802 N Broadway, Uptown ; ⏲12h-4h lun-ven, 12h-5h sam, 11h-4h dim) était le bar clandestin préféré d'Al Capone. Assis sur les banquettes-alcôves en cuir, profitez d'un concert de jazz.

Explorer

Wicker Park, Bucktown et Ukrainian Village

Ces trois quartiers ont vu émerger des disquaires à la mode, des friperies et des bars lounge. Mais les petits cafés traditionnels n'ont pas disparu pour autant. Wicker Park est le cœur commerçant de cette zone, encadré par Bucktown, un peu plus cossu, et Ukrainian Village, un peu plus "popu". Les restaurants et les clubs de rock de ces quartiers sont les meilleurs de Chicago.

Notre sélection

- ***Milwaukee Ave (p. 113)***. *Les trésors cachés des magasins vintage situés entre Damen Ave et Ashland Ave, comme Una Mae's.*
- ***Hideout (p. 111)***. *L'une des salles les plus sympathiques de Chicago, pour taper la cadence sur du slam ou chanter en chœur un hommage à Meatloaf.*
- ***Trail 606 (p. 108)***. *Une promenade surélevée parmi les restaurants tendance et les arrière-cours du quartier.*
- ***Quimby's (p. 112)***. *Les fanzines et les bases de la culture underground de la ville.*

Comment y aller et circuler

M Ligne bleue, arrêt Damen ou Division pour Bucktown et Wicker Park ; arrêt Chicago pour Ukrainian Village.

Les lignes n°50, 66, 70 72 et 73 desservent la zone.

À Wicker Park et Bucktown, il est quasi impossible de se garer.

Plan de Wicker Park, Bucktown et Ukrainian Village p. 106

Wicker Park RICHARD WEBER/ALAMY STOCK PHOTO ©

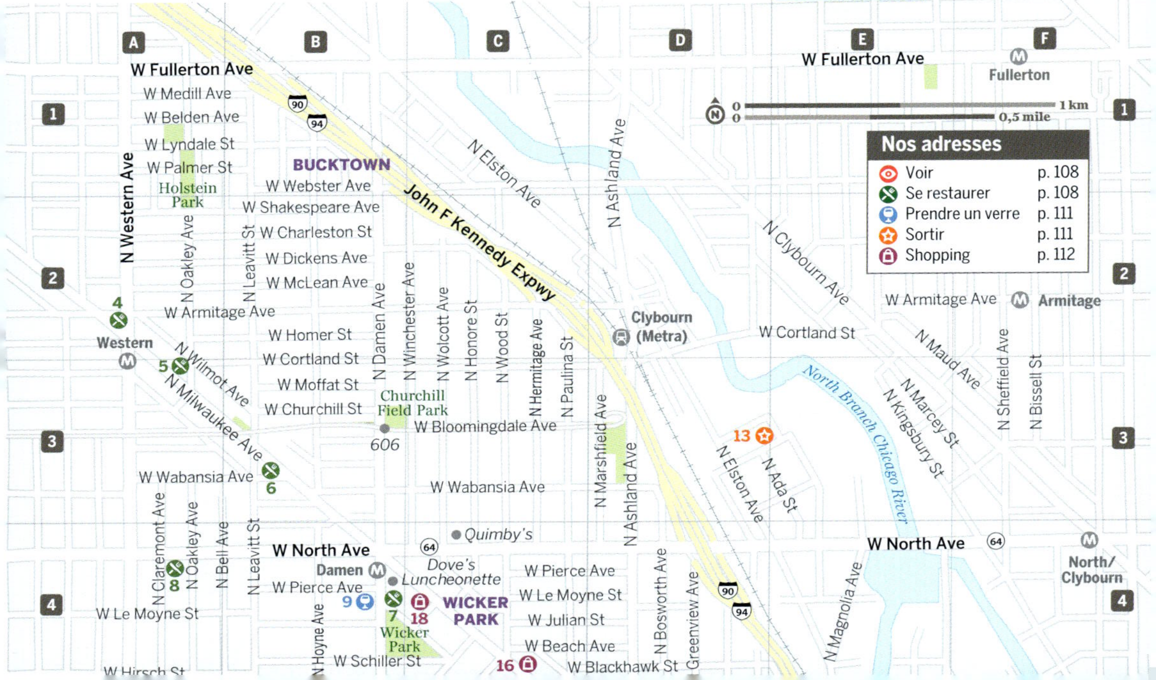
Nos adresses
Voir p. 108
Se restaurer p. 108
Prendre un verre p. 111
Sortir p. 111
Shopping p. 112
0 1 km
0 0,5 mile
A B C D E F
1 2 3 4
W Fullerton Ave
Fullerton
W Medill Ave
W Belden Ave
W Lyndale St
W Palmer St
Holstein Park
N Western Ave
BUCKTOWN
W Webster Ave
W Shakespeare Ave
W Charleston St
W Dickens Ave
W McLean Ave
N Oakley Ave
N Leavitt St
John F Kennedy Expwy
N Elston Ave
N Ashland Ave
N Clybourn Ave
W Armitage Ave
Armitage
W Cortland St
Clybourn (Metra)
N Maud Ave
N Sheffield Ave
N Bissell St
N Marcey St
N Kingsbury St
North Branch Chicago River
4
Western
5
N Wilmot Ave
N Milwaukee Ave
W Homer St
W Cortland St
W Moffat St
W Churchill St
Churchill Field Park
N Damen Ave
N Winchester Ave
N Wolcott Ave
N Honore St
N Wood St
N Hermitage Ave
N Paulina St
N Marshfield Ave
W Bloomingdale Ave
606
13
N Elston Ave
N Ada St
W Wabansia Ave
6
W Wabansia Ave
Quimby's
W North Ave
Damen
Dove's Luncheonette
W Pierce Ave
9
7
18
WICKER PARK
Wicker Park
N Claremont Ave
N Oakley Ave
N Bell Ave
N Leavitt St
8
W Le Moyne St
N Hoyne Ave
W Schiller St
W Hirsch St
16
W Pierce Ave
W Le Moyne St
W Julian St
W Beach Ave
W Blackhawk St
N Bosworth Ave
Greenview Ave
90
94
64
N Magnolia Ave
W North Ave
North/Clybourn

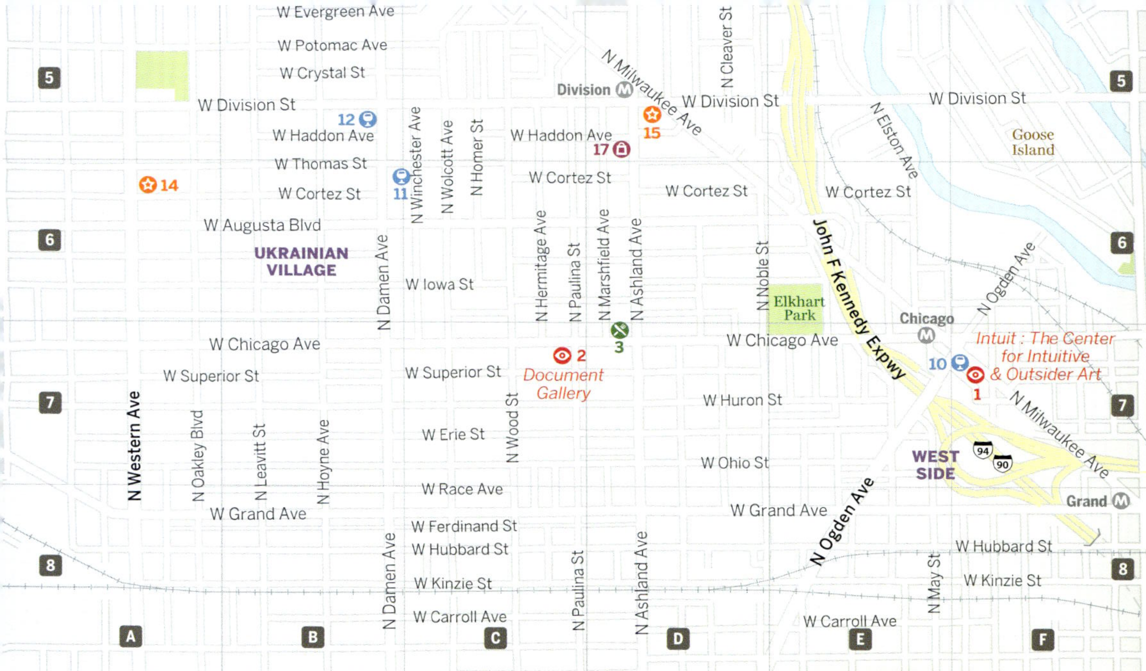
W Evergreen Ave
W Potomac Ave
W Crystal St
W Division St
12
W Haddon Ave
W Thomas St
14
W Cortez St
11
N Winchester Ave
N Wolcott Ave
N Homer St
W Augusta Blvd
UKRAINIAN VILLAGE
N Damen Ave
W Iowa St
Division
N Milwaukee Ave
N Cleaver St
W Division St
15
W Haddon Ave
17
W Cortez St
W Cortez St
N Hermitage Ave
N Paulina St
N Marshfield Ave
N Ashland Ave
N Noble St
Elkhart Park
John F Kennedy Expwy
N Elston Ave
W Cortez St
W Division St
Goose Island
N Ogden Ave
Chicago
Intuit : The Center for Intuitive & Outsider Art
10
1
W Chicago Ave
W Superior St
2
Document Gallery
3
W Chicago Ave
W Huron St
N Milwaukee Ave
N Western Ave
N Oakley Blvd
N Leavitt St
N Hoyne Ave
W Erie St
N Wood St
W Ohio St
WEST SIDE
94
90
W Race Ave
W Grand Ave
W Grand Ave
N Ogden Ave
Grand
W Ferdinand St
W Hubbard St
W Kinzie St
W Carroll Ave
N Damen Ave
N Paulina St
N Ashland Ave
W Carroll Ave
N May St
W Hubbard St
W Kinzie St
A
B
C
D
E
F
5
6
7
8

Voir

Intuit: The Center for Intuitive & Outsider Art

ART

1 PLAN P. 106, F7

Ce petit musée donne à voir les œuvres d'art naïf et d'art brut d'artistes de Chicago, avec notamment des expositions multimédias et des pièces de Henry Darger, célèbre aquarelliste local. Son atelier a été reconstitué : un capharnaüm de rouleaux de ficelles et d'empilements de magazines, une machine à écrire et un phonographe. À la boutique, vous dénicherez des bijoux décalés, de la maroquinerie en matières recyclées et des livres d'art. (312-243-9088 ; www.art.org ; 756 N Milwaukee Ave, River West ; 5 $; 11h-18h mar-mer, ven-sam, 11h-19h jeu, 12h-17h dim ; M Ligne bleue, arrêt Chicago)

Trail 606

Le **Trail 606** (Plan p. 106, B3 ; www.the606.org ; Wicker Park/Bucktown 6h-23h ; M Ligne bleue, arrêt Damen) est une promenade aérienne aménagée sur une ancienne voie de chemin de fer. À pied ou à vélo, sur 4,3 km entre Wicker Park et Logan Square, on a vue sur les usines, les cheminées, les trains et les modestes arrière-cours des immeubles. Le Trail 606 suit le tracé de Bloomingdale Ave, et des accès sont aménagés tous les 400 m environ.

Document Gallery

GALERIE D'ART

2 PLAN P. 106, C7

Document organise des expositions de jeunes artistes nationaux et internationaux, dans le domaine de la photo, de la vidéo et des médias. Elle partage ses vastes locaux avec trois autres galeries – Western Exhibitions, P•L•HK et Volume Gallery. Ce coin-ci de W Chicago Ave, du n°1400 au 2300, compte d'ailleurs un large éventail artistique à explorer. (262-719-3500 ; www.documentspace.com ; 1709 W Chicago Ave, West Town ; 11h-18h mar-sam ; 66, M Ligne bleue, arrêt Chicago)

Se restaurer

Hoosier Mama Pie Company

TARTES $

3 PLAN P. 106, D7

Tons pastel façon années 1950, anciens moules en fer... Le décor à l'américaine est planté. Dans l'établissement à succès de Paula Haney défilent des pâtes feuilletées au beurre, roulées à la main puis remplies à ras bord de garnitures onctueuses. Canneberge des Pays-Bas et crème aigre, crème de bananes, chocolat fondant (alias "tarte au brownie") ou pomme-myrtille-noix sont parmi les best-sellers. Quelques variantes salées tout aussi tentantes ! (312-243-4846 ; www.hoosiermamapie.com ; 1618 W

Chicago Ave, East Village ; tranches 5-6 $; 8h-19h mar-ven, 9h-17h sam, 10h-16h dim ; 66, M Ligne bleue, arrêt Chicago)

Margie's Candies
DESSERTS $

4 PLAN P. 106, A2

Depuis plus de 90 ans, ce commerce en bordure de Bucktown sert des sundaes dans d'énormes bols en forme de coquillage. Al Capone et les Beatles ont compté parmi ses clients. Le coulis au chocolat chaud, très gourmand et servi dans une saucière en argent, vole la vedette à la fontaine à boissons gazeuses en marbre et aux box munis de petits juke-box.... (773-384-1035 ; www.margiesfinecandies.com ; 1960 N Western Ave, Bucktown ; sundaes à partir de 6 $; 9h-minuit dim-jeu, 9h-1h ven-sam ; ; M Ligne bleue, arrêt Western)

Irazu
LATINO-AMÉRICAIN $

5 PLAN P. 106, A3

L'unique restaurant de la ville servant une cuisine du Costa Rica propose de délicieux plats : généreux burritos au poulet, haricots noirs et avocat frais, sandwichs et leur divine sauce douce-épicée et, pour les petites soifs, un *avena* (milk-shake aux parfums de fruits tropicaux). Au petit-déjeuner, l'*arroz con huevos* (œufs brouillés poivrés et riz) aide à se remettre des lendemains de fête. Possibilité d'apporter sa bouteille de vin, sans droit de bouchon. Pas de CB. (773-252-5687 ; www.irazuchicago.com ; 1865 N Milwaukee Ave, Bucktown ;

Dove's Luncheonette (p. 110)

Dove's Luncheonette

Au comptoir rétro de **Dove's Luncheonette** (Plan p. 106, B4 ; ☎773-645-4060 ; www.doveschicago.com ; 1545 N Damen Ave, Wicker Park ; plats 13-22 $; ⏲9h-22h lun-jeu, 9h-23h ven, 8h-23h sam, 8h-22h dim ; M Ligne bleue, arrêt Damen), dégustez de généreuses portions de *pozoles* (potées) d'épaule de porc ou de poulet frit au babeurre et sauce au *chorizo verde*. Musique soul en fond sonore et téquila provenant de l'une des 70 bouteilles du bar. Que demander de plus ?

plats 7-16 $; ⏲11h30-21h30 lun-sam ; 🖉 ; M Ligne bleue, arrêt Western)

Small Cheval

BURGERS $

6 PLAN P. 106, B3

Vous avez peut-être entendu parler du Small Cheval du West Loop où les gourmands patientent jusqu'à deux heures pour déguster leurs fameux burgers, élus les meilleurs du pays par le magazine *Bon Appétit*. Cette antenne, à la déco plus épurée et festive propose donc burgers, milk-shakes alcoolisés, cocktails et bières. Peu d'attente, et nombreuses tables dans le patio, loin de l'agitation du comptoir. (www.smallcheval.com ; 1732 N Milwaukee Ave, Wicker Park ; burgers 9-10 $; ⏲11h-minuit lun-sam, 11h-22h dim ; M Ligne bleue, arrêt Damen)

Big Star

MEXICAIN $

7 PLAN P. 106, B4

Aménagé dans une ancienne station-service, ce bar à tacos tenu par Paul Kahan, un grand chef de Chicago, ne désemplit pas. L'attente vaut la peine tant les tacos ravissent les papilles : poitrine de porc mijotée à la sauce tomate pimentée et carottes à la sauce *mole* épicée. Belle carte de whiskies et de cocktails. Options végétaliennes. S'il n'y a plus de places assises dans le patio, vous pouvez commander au comptoir "à emporter" qui donne sur la rue. (☎773-235-4039 ; www.bigstarchicago.com ; 1531 N Damen Ave, Wicker Park ; tacos 2,5-4 $; ⏲11h30-1h30 dim-ven, 11h30-3h sam ; 🖉 ; M Ligne bleue, arrêt Damen)

Handlebar

VÉGÉTARIEN $

8 PLAN P. 106, A4

Les coursiers à vélo font l'objet d'un véritable culte à Chicago, et ce bar-restaurant est un rendez-vous aussi bien pour les messagers tatoués que pour les gens du coin qui apprécient ses bières pour la plupart microbrassées, ainsi que ses réconfortants plats végétariens, végétaliens et recettes de poisson : ragoût d'arachides ouest-africain, tacos à l'avocat frit... En été, cap sur le *beer garden* convivial à l'arrière. (☎773-384-9546 ; www.handlebarchicago.com ; 2311 W North Ave, Wicker Park ; plats 10-14 $; ⏲10h-minuit lun-jeu, 10h-12h30 ven, 9h-12h30 sam, 9h-minuit dim ; 🖉 ; M Ligne bleue, arrêt Damen)

Prendre un verre

Violet Hour
BAR À COCKTAILS

9 PLAN P. 106, B4

Pour parvenir à ce speakeasy (bar clandestin sous la Prohibition) un peu chic, mais accueillant, cherchez la porte surmontée d'une grosse ampoule jaune. Larges fauteuils en alcôves, chandeliers et longs rideaux en velours servent de cadre à des cocktails saisonniers de haute volée qui portent de drôles de noms. (773-252-1500 ; www.thevioletthour.com ; 1520 N Damen Ave, Wicker Park ; 18h-2h dim-ven, 18h-3h sam ; M Ligne bleue, arrêt Damen)

Matchbox
BAR

10 PLAN P. 106, F7

Comme le nom ("boîte d'allumettes") l'indique, l'espace est ici restreint : une dizaine de tabourets, et le reste de la clientèle – avocats, artistes et autres – s'adosse au mur. Parmi nos cocktails rétro favoris, le *pisco sour* et le *ginger gimlet* avec vodka infusée au gingembre. (312-666-9292 ; www.facebook.com/matchboxchicago ; 770 N Milwaukee Ave, River West ; 15h-2h dim-ven, 15h-3h sam ; M Ligne bleue, arrêt Chicago)

Innertown Pub
BAR

11 PLAN P. 106, B6

Un élan affublé de guirlandes et une statue grandeur nature d'Elvis veillent sur les artistes et les habitués jouant au billard en sirotant des boissons bon marché. Le personnel de ce lieu (un bar clandestin des années 1920) rempli d'objets kitsch aime préparer des cocktails peu conventionnels. Les DJ passent, entre autres, de la new wave quelques soirs par semaine. (773-235-9795 ; 1935 W Thomas St, East Village ; 15h-2h dim-ven, 15h-3h sam ; M Ligne bleue, arrêt Division)

Rainbo Club
BAR

12 PLAN P. 106, B5

Foyer de l'élite indé de Chicago en semaine, ce bar carré des années 1930 en bois sombre possède un remarquable comptoir semi-circulaire et un photomaton. Malgré un service lent et une ambiance plutôt calme le week-end, c'est un lieu agréable pour se mêler aux bohèmes locaux qui lampent des bières PBR à 2 $. Espèces uniquement. (773-489-5999 ; 1150 N Damen Ave, Ukrainian Village ; 16h-2h dim-ven, 16h-3h sam ; M Ligne bleue, arrêt Damen)

Sortir

Hideout
MUSIQUE LIVE

13 PLAN P. 106, D3

Niché derrière une usine à la lisière de Bucktown, ce petit espace propose du rock indépendant et de la country alternative dans une atmosphère *underground* très accueillante. Excellente **soirée poésie** (www.facebook.com/weedspoetry ; don apprécié ; 21h30) avec scène ouverte le lundi.

Librairie Quimby's

Épicentre urbain du monde de la BD et des fanzines, **Quimby's** (Plan p. 106, C4 ; ☎773-342-0910 ; www.quimbys.com ; 1854 W North Ave, Wicker Park ; 12h-21h lun-jeu, 12h-22h ven, 11h-22h sam, 12h-19h dim ; Ⓜ Ligne bleue, arrêt Damen) est l'un des piliers de la culture underground à Chicago. On y trouve de tout, des manifestes punk-rock griffonnés au crayon aux romans graphiques. Un bon endroit pour se fournir en souvenirs littéraires et lectures atypiques.

Concerts et autres événements (rencontres littéraires, etc.) tous les soirs. (☎773-227-4433 ; www.hideoutchicago.com ; 1354 W Wabansia Ave, West Town ; billets 5-15 $; 16h-minuit lun-jeu, 16h-2h ven, 18h-3h sam, variable le dim ; 72)

Empty Bottle MUSIQUE LIVE

14 PLAN P. 106, A6

Les amateurs de musique se retrouvent souvent dans ce bar de quartier défraîchi, néanmoins recherché pour sa programmation de rock indé, jazz et autres styles depuis plus de trente ans. Les concerts du lundi sont souvent gratuits. Des bières bon marché, un photomaton et des toilettes décorées complètent le tableau. (☎773-276-3600 ; www.emptybottle.com ; 1035 N Western Ave, Ukrainian Village ; 17h-2h lun-mer 15h-2h jeu-ven, 11h-2h sam-dim ; 49)

House Theatre COMPAGNIE THÉÂTRALE

15 PLAN P. 106, D5

Cette compagnie présente les spectacles tour à tour décalés, amusants et touchants signés par des dramaturges prometteurs, où s'accordent comme par miracle magie, musique et histoires. Le House se produit d'ordinaire dans son lieu de résidence, le **Chopin Theatre** (☎773-278-1500 ; www.chopintheatre.com), mais parfois aussi dans des endroits surprenants (comme une chambre d'hôtel). La compagnie monte tous les ans une version sans ballerines de *Casse-Noisette*. (☎773-769-3832 ; www.thehousetheatre.com ; 1543 W Division St, Noble Square ; Ⓜ Ligne bleue, arrêt Division)

Shopping

Reckless Records MUSIQUE

16 PLAN P. 106, C4

On peut écouter avant d'acheter dans cet empire de la musique indépendante, reconnu comme le meilleur disquaire de Chicago. Un magasin vaste et clair où la chasse aux trésors cachés dans les bacs (neuf et occasion) n'est pas une foire d'empoigne. Faites-y aussi le plein d'informations sur les concerts et le théâtre locaux. (☎773-235-3727 ; www.reckless.com ; 1379 N Milwaukee Ave, Wicker Park ; 10h-22h lun-sam, 10h-20h dim ; Ⓜ Ligne bleue, arrêt Damen)

Dusty Groove

MUSIQUE

17 🔒 PLAN P. 106, D5

Soul rétro, percussions latines, gospel, jazz ou hip-hop – si c'est du bon son, Dusty Groove (qui a aussi son propre label) l'a en rayon. Prenez le temps de fouiller aussi dans les bacs des bonnes affaires au sous-sol (50 cents le disque). (☎ 773-342-5800 ; www.dustygroove.com ; 1120 N Ashland Ave, East Village ; 🕙 10h-20h ; Ⓜ Ligne bleue, arrêt Division)

Una Mae's

VÊTEMENTS

18 🔒 PLAN P. 106, C4

Une bonne adresse pour dénicher un chapeau et une veste en pied-de-poule pour un style à la Jackie Kennedy. Outre les articles vintage, Una Mae's vend divers produits de créateurs branchés, pour homme et pour femme. (☎ 773-276-7002 ; www.unamaeschicago.com ; 1528 N Milwaukee Ave, Wicker Park ; 🕙 12h-20h lun-ven, 11h-20h sam, 12h-18h dim ; Ⓜ Ligne bleue, arrêt Damen)

Transit Tees

CADEAUX ET SOUVENIRS

Pour ramener chez vous un petit bout de "Chi-Town", pensez à ces élégants souvenirs fabriqués dans le secteur (voir 16 🔒 Plan p. 106, C4). Coussins, chaussettes, verres et bien sûr t-shirts arborent pour la plupart les deux bandes bleues et quatre étoiles rouges emblématiques de la marque. Vend aussi des plans des transports, des posters et des plaques de rue de Chicago. (www.transittees.com ; 1371 N Milwaukee Ave, Wicker Park ; 🕙 9h30-20h lun-ven, 11h-20h sam, 11h-18h dim)

Reckless Records

Vaut le détour

Une soirée à Logan Square

Logan Square est le quartier de prédilection pour qui aime les nouvelles adresses tendance, tout en restant discret car hors des sentiers battus. Expositions, cuisines récompensées d'un Bear Award et petits bars de quartier haut en couleur jalonnent ses boulevards arborés. En arrivant tôt, vous profiterez aussi des boutiques et des galeries d'art.

La promenade

Départ Whistler (M Ligne bleue, arrêt California)

Arrivée Lost Lake (M Ligne bleue, arrêt Logan Square)

Distance 2,4 km

Durée 4-5 heures

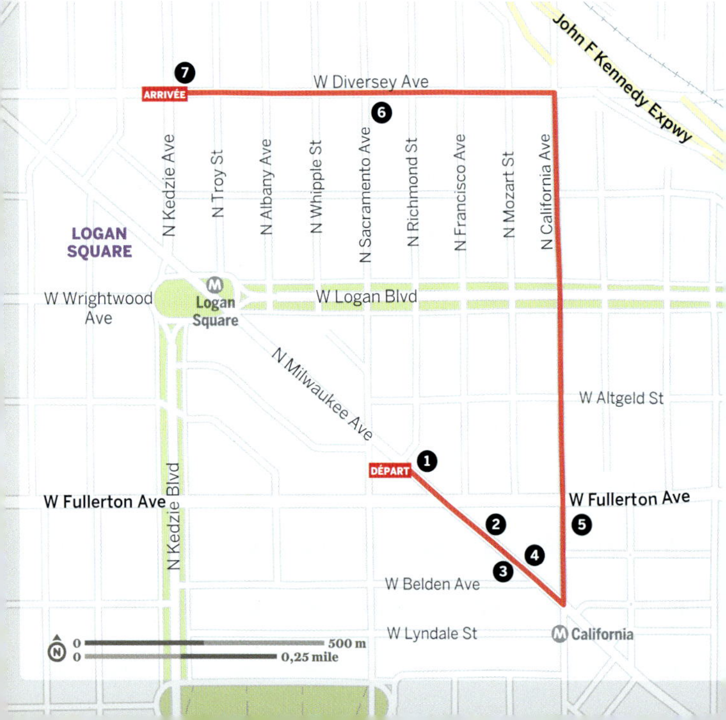

❶ Whistler

Moitié galerie d'art, moitié salle de concert pour les groupes indés du coin, les formations de jazz et les DJ, le **Whistler** (☎773-227-3530 ; www.whistlerchicago.com ; 2421 N Milwaukee Ave ; 18h-2h lun-jeu, 17h-2h ven-dim) ne fait pas payer l'entrée. Soutenez néanmoins les artistes en commandant un cocktail !

❷ Heavy Feather

Le **Heavy Feather** (☎773-799-8504 ; www.heavyfeatherchicago.com ; 2357 N Milwaukee Ave ; 19h-2h dim-ven, 19h-3h sam) est inspiré des *fern bars* de la fin des années 1970-début des années 1980, souvent décorés de boiseries, de fougères et de lampes en faux vitrail Tiffany. Ce refuge aux lumières tamisées servant des cocktails se situe au-dessus du Slippery Slope. Réinterprétations modernes de classiques, comme le toddy au chaï, au cognac, à l'applejack et au thé épicé.

❸ Cole's

Gagnez la pénombre du **Cole's** (☎773-276-5802 ; www.coleschicago.com ; 2338 N Milwaukee Ave ; 17h-2h lun-ven, 16h-3h sam, 16h-2h dim) pour une partie de billard et quelques bières microbrassées à l'avant, baigné par la lumière des néons, ou passez à l'arrière pour un concert ou une soirée humour en scène ouverte.

❹ Revolution Brewing

Le **Revolution** (☎773-227-2739 ; www.revbrew.com ; 2323 N Milwaukee Ave ; 11h-1h lun-ven, 10h-1h sam, 10h-23h dim) fut l'une des premières brasseries du secteur. La bière forte est remarquable, tout comme l'IPA Anti-Hero et l'acide Freedom of Press. Pop-corn à la graisse de bacon et sauge frite pour ne pas consommer que liquide.

❺ Pretty Cool Ice Cream

Il y en a pour tous les goûts à **Pretty Cool Ice Cream** (☎773-697-4140 ; www.prettycoolicecream.com ; 2353 N California Ave ; bâtonnets glacés 3-5 $; 11h-23h mai-sept, horaires réduits oct-avr ;). Que des bâtonnets, mais des parfums aussi addictifs que babeurre-fraise, café-bretzel-toffee et matcha-menthe.

❻ Fat Rice

Le **Fat Rice** (☎773-661-9170 ; www.eatfatrice.com ; 2957 W Diversey Ave ; plats 20-32 $; 17h30-22h mar, 11h-14h et 17h30-22h mer-sam, 11h-15h dim) et ses plats à la mode de Macao sont très prisés, surtout depuis la remise d'un James Beard Award à son chef en 2018. Réservez pour découvrir ce mélange entre cuisines portugaise, chinoise et indienne.

❼ Lost Lake

Le **Lost Lake** (☎773-293-6048 ; www.lostlaketiki.com ; 3154 W Diversey Ave ; 17h-2h lun-ven, 16h-3h sam, 16h-2h dim) recrée à la perfection l'ambiance des mers du Sud. Décor en bambou, incroyable collection de rhums et de cocktails exotiques au succès national… Un lieu magique !

A · TORTA · AGUA FRE

Explorer

West Loop et Near West Side

Dans le branché West Loop, les abattoirs ont cédé la place aux chefs de haute volée et aux bars tendance. Appartements, bureaux d'entreprises high-tech, boutiques-hôtels... Le quartier ne cesse de se développer, et les adresses sont devenues des incontournables. Le soir, rendez-vous à Greektown ou Little Italy, non loin.

Notre sélection

- ***Stars des fourneaux (p. 124)***. *La superbe cuisine de chefs célèbres dans les restaurants les plus courus du district, comme le Girl & the Goat de Stephanie Izard.*
- ***Cocktails raffinés (p. 126)***. *Les succulents breuvages des bars à champagne, bars en rooftop, et distilleries, comme l'exemplaire Aviary.*
- ***Greektown (p. 123)***. *Les fromages fondants et douceurs au miel des boulangeries, épiceries et restaurants grecs de Halsted St, l'Artopolis en tête de file.*
- ***Carrie Secrist Gallery (p. 122)***. *Un sanctuaire d'art contemporain dissimulé dans de vieux entrepôts.*

Comment y aller et circuler

M Lignes verte ou rose, arrêt Morgan ou Clinton pour le West Loop ; ligne bleue, arrêt UIC-Halsted pour Greektown ; ligne rose, arrêt Polk ou ligne bleue, arrêt Racine pour Little Italy.

P Le West Loop et Greektown ne sont qu'à 2 km à l'ouest du Loop, donc accessibles sans se ruiner.

Plan du West Loop et de Near West Side p. 120

Restaurant mexicain à LIttle Italy, Near West Side

Promenade à pied

Balade dans le West Loop

West Loop connaît un essor fulgurant depuis quelques années avec l'apparition de restaurants tendance et la transformation d'abattoirs en appartements. Si quelques bouchers en tablier œuvrent toujours dans le quartier, vous avez plus de chance de croiser des employés de Google dans ce périple qui vous conduira de galerie d'art en cantine branchée, aménagées dans d'anciens bâtiments industriels.

La promenade

Départ Saint Lou's Assembly (M Lignes verte ou rose, arrêt Clinton)

Arrivée Smyth (M Lignes verte ou rose, arrêt Ashland)

Distance 2 km

Durée 4-5 heures

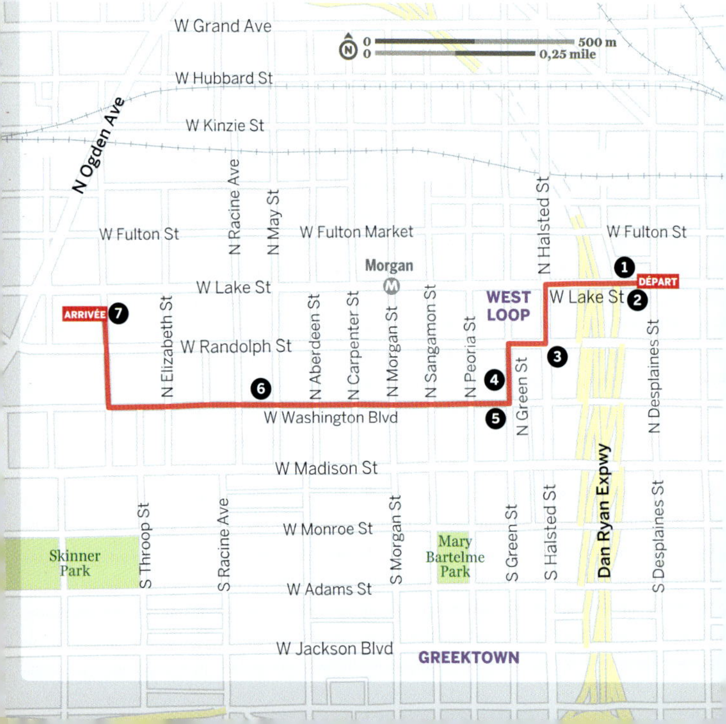

❶ Saint Lou's Assembly

On afflue au **Saint Lou's Assembly** (p. 124) pour ses repas "*meat and three*" (une viande et trois accompagnements). Rappelant le passé industriel du West Loop, cette formule était jadis servie aux ouvriers dans les cafétérias. Le Lou's en propose une version modernisée, accompagnée de cocktails à prendre dans le patio agrémenté d'une terrain de boccia.

❷ Open Books

Des *hipsters* économes en mal de lecture musardent dans les rayons d'occasion d'**Open Books** (p. 127). Des classiques au dernier livre de cuisine de Gwyneth Paltrow, cette boutique à but non lucratif reverse tous ses bénéfices à des programmes d'alphabétisation destinés aux enfants de Chicago.

❸ Haymarket Pub & Brewery

La **Haymarket Pub & Brewery** (p. 127) vous plongera dans l'histoire locale. Elle se situe près de Haymarket Square, où ont eu lieu les émeutes historiques de 1886. L'appellation de certaines bières évoque ces événements, comme la Mathias Imperial IPA (du nom du premier policier tué lors de ce triste épisode) ou le Speakerswagon Pilsner.

❹ Sawada Coffee

Les employés de Google, Uber et autres géants de la *Tech Economy* installés dans le West Loop ont besoin de caféine, et c'est précisément ce que leur fournit le **Sawada Coffee** (☎312-754-0431 ; www.sawadacoffee.com ; 112 N Green St, West Loop ; ⏲8h-17h ; 📶). Son *latte* au matcha est servi avec talent. Le Wi-Fi, les donuts appétissants et la déco rustique chic invitent à s'attarder.

❺ Carrie Secrist Gallery

Faites un saut à la **Carrie Secrist Gallery** (p. 122), dont la propriétaire organise d'intéressantes expositions contemporaines depuis plus de 25 ans. Le bâtiment est occupé par trois autres galeries : parfait pour une plongée dans l'art local.

❻ Press Room

Le chemin de la **Press Room** (p. 127) est indiqué par des néons verts marqués "Down for a Drink". Ce bar à vins à l'européenne, au sous-sol d'un éditeur centenaire (d'où son nom), est un rendez-vous convivial pour les habitants du quartier. Joignez-vous à eux pour un verre de cava et une assiette d'anchois espagnols.

❼ Smyth

Réserver vaut le coup pour pouvoir goûter le menu dégustation du **Smyth** (p. 125), étoilé au Michelin. S'il n'y a plus de place, il reste son parent au sous-sol, le Loyalist, apprécié dans le quartier pour ses imposants cheeseburgers et ses desserts copieux.

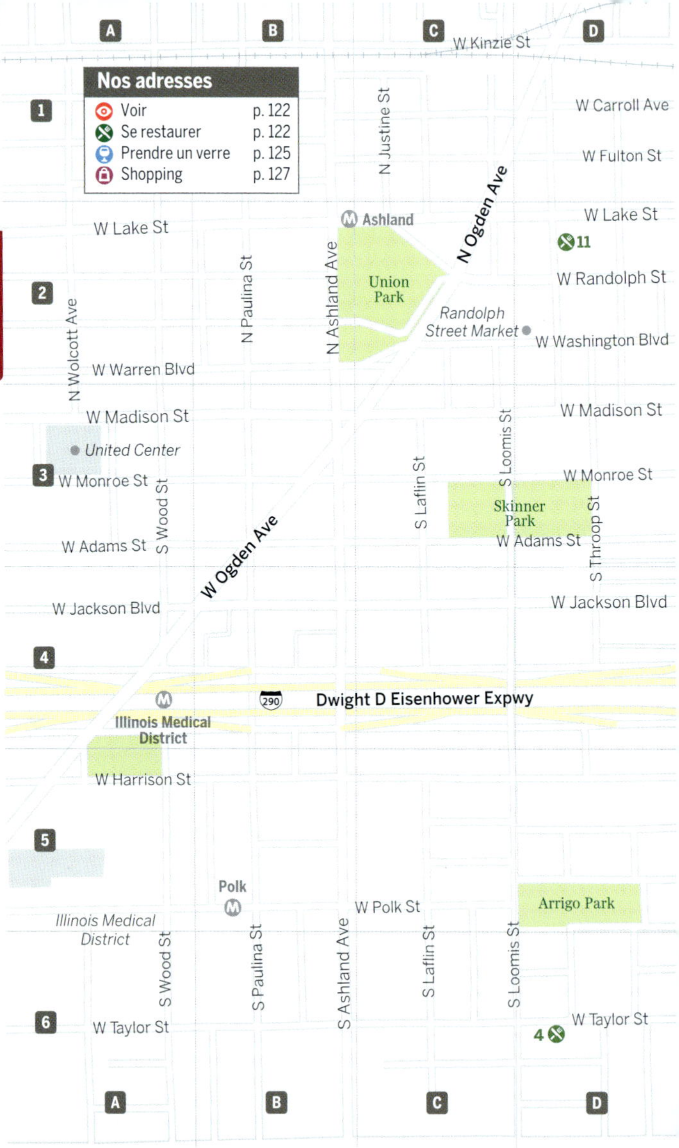
Nos adresses
Voir p. 122
Se restaurer p. 122
Prendre un verre p. 125
Shopping p. 127
A
B
C
D
1
2
3
4
5
6
W Kinzie St
W Carroll Ave
W Fulton St
W Lake St
W Randolph St
W Washington Blvd
W Warren Blvd
W Madison St
W Monroe St
W Adams St
W Jackson Blvd
W Harrison St
W Polk St
W Taylor St
N Justine St
N Ogden Ave
W Ogden Ave
N Wolcott Ave
N Paulina St
N Ashland Ave
S Wood St
S Laflin St
S Loomis St
S Throop St
S Paulina St
S Ashland Ave
Ashland
Union Park
Randolph Street Market
United Center
Skinner Park
Arrigo Park
Dwight D Eisenhower Expwy
290
Illinois Medical District
Polk
11
4

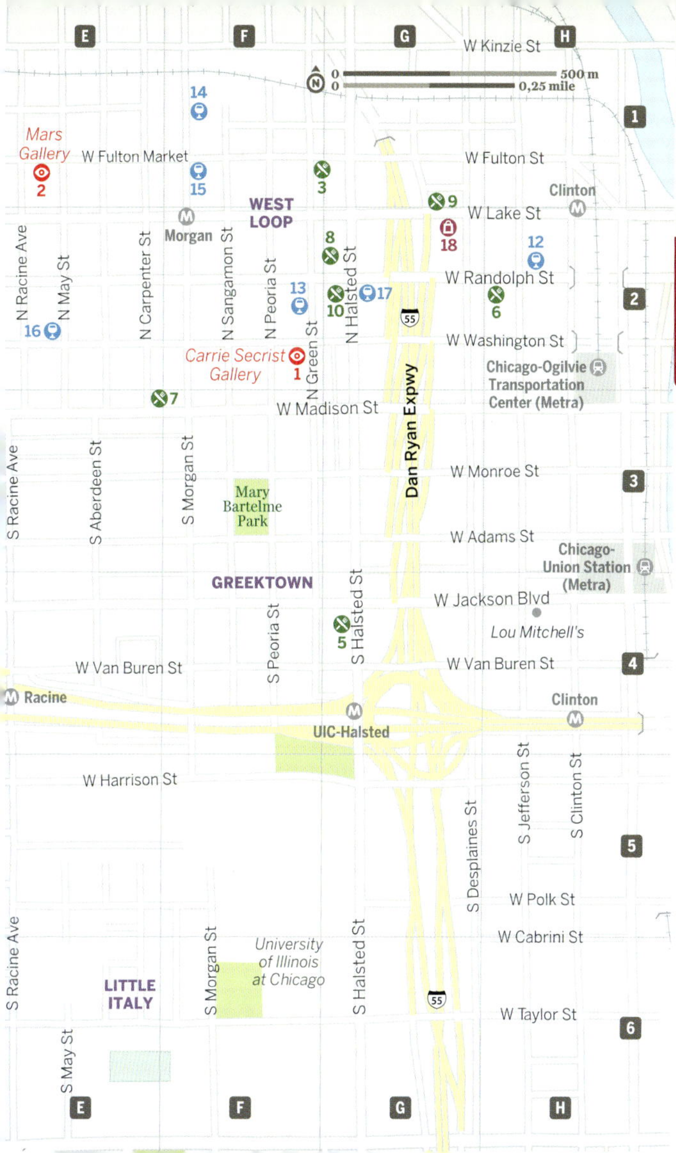
E
F
G
H
1
2
3
4
5
6
0
0
500 m
0,25 mile
N
W Kinzie St
W Fulton Market
W Fulton St
W Lake St
W Randolph St
W Washington St
W Madison St
W Monroe St
W Adams St
W Jackson Blvd
W Van Buren St
W Harrison St
W Polk St
W Cabrini St
W Taylor St
N Racine Ave
N May St
N Carpenter St
N Sangamon St
N Peoria St
N Green St
N Halsted St
S Racine Ave
S Aberdeen St
S Morgan St
S Peoria St
S Halsted St
S Desplaines St
S Jefferson St
S Clinton St
S May St
Dan Ryan Expwy
55
Mars Gallery
Carrie Secrist Gallery
Mary Bartelme Park
WEST LOOP
GREEKTOWN
LITTLE ITALY
University of Illinois at Chicago
Morgan
Clinton
Racine
UIC-Halsted
Chicago-Ogilvie Transportation Center (Metra)
Chicago-Union Station (Metra)
Lou Mitchell's
1
2
3
5
6
7
8
9
10
12
13
14
15
16
17
18

Voir

Carrie Secrist Gallery GALERIE

1 PLAN P. 120, F2

La galerie d'art contemporain de Secrist existe depuis plus d'un quart de siècle. Chaque année, ce grand espace ouvert accueille près de six expositions différentes, présentant un ou plusieurs peintres, photographes, cinéastes et autres artistes à l'âme provocatrice. L'une des galeries les plus à la page de West Loop. L'édifice abrite aussi trois autres galeries. (☎312-491-0917 ; www.secristgallery.com ; 835 W Washington Blvd, 1er niv, West Loop ; 🕑10h30-18h mar-ven, 11h-17h sam ; M Ligne verte ou rose, arrêt Morgan)

Mars Gallery GALERIE D'ART

2 PLAN P. 120, E1

Cette galerie pop art est un pur bonheur tout en œuvres colorées lovée dans un bâtiment à l'histoire décalée (autrefois usine d'œufs puis club où se produisirent les Ramones), situé, paraît-il, au-dessus d'un vortex d'énergie. (☎312-226-7808 ; www.marsgallery.com ; 1139 W Fulton Market, West Loop ; 🕑12h-18h mer, ven, 12h-19h jeu, 11h-17h sam ; M Lignes verte ou rose, arrêt Morgan)

West Loop et street art

Parcourez la B_Line (www.blinechicago.com), un couloir de street art de 1,6 km qui se déploie sur W Hubbard St, entre Halsted St et Carpenter St. Plus d'une trentaine de fresques décorent les murs qui cernent ici les voies du train Metra, dont une, remarquable représentant DJ Frankie Knuckles (habitant de Chicago qui popularisa la house music).

Se restaurer

Publican Quality Meats TRAITEUR $

3 PLAN P. 120, F1

Mi-boucherie mi-restaurant de 32 couverts, voici le jumeau cool et plus abordable du **Publican** (☎312-733-9555 ; 837 W Fulton Market ; plats 21-30 $; 🕑15h30-22h lun-jeu, 15h30-23h ven, 10h-23h sam, 9h-22h dim), non loin. Sandwichs garnis de viande délicatement assaisonnée, dans un pain tout juste sorti du four. Le menu change chaque semaine, mais peut inclure le sandwich aux boulettes de bœuf ou celui au bacon, salade et tomate. Bonne carte des vins et des bières. (☎312-445-8977 ; www.thepublicanrestaurant.com ; 825 W Fulton Market, West Loop ; plats 11-14 $; 🕑10h-17h lun-ven, 9h-18h sam, 9h-17h dim ; M Lignes verte ou rose, arrêt Morgan)

Sweet Maple Cafe AMÉRICAIN $

4 PLAN P. 120, D6

Le plancher grinçant, la cuisine afro-américaine maison et les matrones du Sweet Maple lui prêtent le charme bucolique d'un *diner* de bord de route dans les

États du Sud. Les habitants ne tarissent pas d'éloges au sujet de ses épais pancakes à la banane (ou aux pêches et à la crème, selon la saison), son gruau au cheddar et ses *biscuits* (sorte de scones) moelleux, nappés de *gravy* à la saucisse épicé. (312-243-8908 ; www.sweetmaplecafe.com ; 1339 W Taylor St, Little Italy ; plats 10-14 $; 7h-14h ; M Ligne bleue, arrêt Racine)

Artopolis Bakery & Cafe GREC $

5 PLAN P. 120, G4

Cette excellente boulangerie fournit en pain de nombreux restaurants voisins, et les habitants viennent souvent lorgner sur les pâtisseries de la vitrine. L'Artopolis est aussi un café-bar ouvert sur la rue, avec une terrasse plantée de vigne. Pizzas au feu de bois, tartes épinards et feta et poulet rôti subliment le menu. (312-559-9000 ; www.artopolischicago.com ; 306 S Halsted St, Greektown ; plats 10-18 $; 8h30-23h dim-jeu, 8h30-0h30 ven-sam ; M Ligne bleue, arrêt UIC-Halsted)

Avec MÉDITERRANÉEN $$

6 PLAN P. 120, H2

Dans ce petit restaurant, les tables communes de 8 personnes sont l'occasion de lier connaissance avec son voisin. La pièce se remplit vite et les conversations vont bon train. Les dattes roulées au bacon sont un *must*, et la paella tout comme la *calzone* à la saucisse et au pesto de menthe valent le détour – quand ils sont à la carte, car celle-ci change régulièrement. Il est bon de réserver, mais ce n'est possible qu'en dehors des heures d'affluence. (312-377-2002 ; www.avecrestaurant.com ; 615 W Randolph St, West Loop ; plats 18-28 $; 11h30-14h et 15h30-23h lun-jeu, 11h30-14h et 15h30-minuit ven, 15h30-minuit sam, 10h-14h et 15h30-23h dim ; M Lignes verte ou rose, arrêt Clinton)

Monteverde ITALIEN $$

7 PLAN P. 120, E3

Les pâtes maison sont la spécialité des lieux. Le concept paraît simple, comme pour les *cacio whey pepe* (petites pâtes tubulaires avec pecorino romano, petit-lait de ricotta et mélange de

Hockey et basket-ball

Très fréquenté, le stade **United Center** (Plan p. 120, A3 ; 312-455-4500 ; www.unitedcenter.com ; 1901 W Madison St, Near West Side ; 19, 20) accueille les grands concerts et événements sportifs de Chicago. Les Blackhawks (www.nhl.com/blackhawks) et les Bulls (www.nba.com/bulls), équipes professionnelles de hockey et de basket-ball, y jouent d'octobre à avril. La statue de Michael Jordan en train de faire un dunk est souvent photographiée ; elle est dans l'atrium de verre situé du côté est du bâtiment.

Lou Mitchell's

Chez **Lou Mitchell's** (Plan p. 120, H4 ; 312-939-3111 ; www.loumitchells.com ; 565 W Jackson Blvd, West Loop ; plats 9-14 $; 5h30-15h lun, 5h30-16h mar-ven, 7h-16h sam, 7h-15h dim ; ; M Ligne bleue, arrêt Clinton), vestige de la Route 66, on petit-déjeune au coude-à-coude. Les serveuses vous appellent *honey*, vous servent de copieuses omelettes, du pain perdu (*French toast*) et remplissent votre tasse de café à volonté. Il y a souvent la queue, mais donuts et caramels gratuits vous aideront à patienter.

quatre poivres en grains), mais les saveurs sont délicieusement complexes. On comprend que les tables en bois clair de cette salle animée soient toujours remplies. Réservez, surtout le week-end. Sinon, guettez une place au comptoir ou dans le patio. (312-888-3041 ; www.monteverdechicago.com ; 1020 W Madison St, West Loop ; plats 18-24 $; 17h-22h30 mar-ven, 11h30-22h30 sam, 11h30-21h dim ; M Ligne verte ou rose, arrêt Morgan)

Au Cheval

AMÉRICAIN **$$**

8 PLAN P. 120, G2

Certains se battraient pour le cheeseburger d'Au Cheval, élu meilleur burger des États-Unis par la revue spécialisée *Bon Appétit* : un pain aérien garni d'un œuf au plat coulant, de cheddar fondant et d'une dijonnaise piquante juste ce qu'il faut. D'ailleurs, ce petit *diner* ne désemplit pas. Pas de réservation : armez-vous de patience, et allez attendre au bar voisin, on vous envoie un texto quand votre table est prête. (312-929-4580 ; www.auchevalchicago.com ; 800 W Randolph St, West Loop ; plats 13-19 $; 10h-1h lun-sam, 9h-minuit dim ; M Lignes verte ou rose, arrêt Morgan)

Saint Lou's Assembly

AMÉRICAIN **$$**

9 PLAN P. 120, G1

Ce lieu sans chichis rend hommage à une autre époque : celle où les cafétérias du coin proposaient des repas "*meat and three*" aux ouvriers des abattoirs. Ces formules avec une viande et trois accompagnements au choix se dégustent sur des banquettes rétro en vinyle bleu. Poulet à la péruvienne, faux filet mariné au piment, *kimchi* et pousses de chou cavalier, etc. (312-600-0600 ; www.saintlouschicago.com ; 664 W Lake St, West Loop ; plats 16-20 $; 11h-15h et 17h-minuit lun-jeu, 11h-2h ven, 9h-2h sam, 9h-minuit dim ; M Lignes verte ou rose, arrêt Clinton)

Girl & the Goat

AMÉRICAIN **$$$**

10 PLAN P. 120, G2

À Chicago, le restaurant vedette de Stephanie Izard est une référence. Les hauts plafonds, les tables en bois verni et les bandes dessinées sur les murs donnent à ce lieu une atmosphère très conviviale. On y sert de succulentes petites assiettes, par exemple du poisson-chat aux kakis marinés, accompagnées de bières locales ou de vin de la maison. Il est difficile de réserver ; essayez d'arriver avant 17h ou patientez au bar le temps qu'une place se libère. (312-492-6262 ; www.girlandthegoat.com ; 809 W Randolph St, West Loop ; petites assiettes 12-19 $; 16h30-23h dim-jeu, 16h30-minuit ven-sam ; ; M Lignes verte ou rose, arrêt Morgan)

Smyth

AMÉRICAIN $$$

11 PLAN P. 120, D2

Simple et accueillant, le Smyth s'est vu décerner deux étoiles au Michelin pour ses menus dégustation de saison. Prévoyez deux ou trois heures pour naviguer parmi 5 à 12 plats réconfortants mais raffinés, tels que des *biscuits* au miel et aux oignons sauvages ou l'agneau au genévrier. Les ingrédients proviennent d'une ferme située une heure au sud de Chicago. Réservation obligatoire. (773-913-3773 ; www.smythandtheloyalist.com ; 177 N Ada St, West Loop ; menus dégustation 95-225 $; 17h-22h mar-sam ; M Lignes verte ou rose, arrêt Ashland)

Prendre un verre

CH Distillery

DISTILLERIE

12 PLAN P. 120, H2

Cette salle de dégustation dispose d'une déco industrielle-chic. Prenez place au comptoir et observez les réservoirs argentés qui distillent la vodka et le gin bio avec lesquels

Girl & the Goat

sont faits des cocktails originaux. (☎312-707-8780 ; www.chdistillery.com ; 564 W Randolph St, West Loop ; 🕐16h-22h lun-jeu, 16h-minuit ven-sam ; M Ligne verte ou rose, arrêt Clinton)

RM Champagne Salon

BAR

13 PLAN P. 120, F2

Cet établissement du West Loop est le paradis de tout ce qui pétille. Installez-vous à une table dans la cour pavée et vous serez transporté dans une débauche de bulles. En hiver, vous serez bien au chaud sur les luxueux sièges devant la cheminée de l'intérieur. (☎312-243-1199 ; www.rmchampagnesalon.com ; 116 N Green St ; 🕐17h-minuit lun-mer et dim, 17h-2h jeu-sam, plus 11h-14h sam-dim ; M Lignes verte ou rose, arrêt Morgan)

Waydown

ROOFTOP

14 PLAN P. 120, F1

Le bar sur le toit de l'Ace Hotel est encensé pour bien des raisons. Superbe vue sur l'horizon urbain, clientèle tirée à quatre épingles mais pas snob, très bons cocktails à base de jus de saison, de vermouth et de mezcal (à des prix raisonnables) et, presque chaque soir, concerts ou DJ set. (☎312-764-1919 ; www.acehotel.com ; 311 N Morgan St, 7e niv, West Loop ; 🕐16h-2h lun-ven, 15h-2h sam-dim ; M Lignes verte ou rose, arrêt Morgan)

Aviary

BAR À COCKTAILS

15 PLAN P. 120, F1

L'Aviary a obtenu le James Beard Award pour les meilleurs cocktails du pays. Ces divins breuvages sont

Rue de West Fulton Market

ANTWON MCMULLEN/SHUTTERSTOCK ©

uniques, et leur sophistication n'enlève rien à leur saveur. Certain sont servis avec un bec Bunsen ou un lance-pierre pour piler vos glaçons. Il est prudent de réserver en ligne. Comptez 21-29 $ par cocktail. (www.theaviary.com ; 955 W Fulton Market, West Loop ; 17h-minuit dim-mer, 17h-2h jeu-sam ; M Ligne verte ou rose, arrêt Morgan)

Press Room

BAR À VINS

16 PLAN P. 120, E2

Les groupes d'amis et les couples en tête à tête descendent dans ce sous-sol confortable pour bavarder aux chandelles, autour d'un verre de vin rouge, blanc ou mousseux. Plus de 25 crus sont disponibles au verre, en plus de quelques bières et cocktails. Ambiance tranquille peu ordinaire pour le West Loop (mais appréciable !). (331-240-1914 ; www.pressroomchicago.com ; 1134 W Washington Blvd, West Loop ; 16h-minuit lun-sam ; M Ligne verte ou rose, arrêt Morgan)

Haymarket Pub & Brewery

BRASSERIE

17 PLAN P. 120, G2

Établissement pionnier dans le West Loop, le Haymarket reste agréablement discret, et se passe des artifices branchés dont rivalisent ses voisins. Dans ce vaste espace parsemé de tonneaux, les habitants du quartier viennent goûter les mixtures en provenance directe des cuves. Accent sur les bières belges et allemandes classiques, mais bières de saison, IPA et vins d'orge également. (312-638-0700 ; www.haymarketbeer.com ; 737 W Randolph St, West Loop ; 11h-2h dim-ven, 11h-3h sam ; M Ligne verte ou rose, arrêt Clinton)

Randolph Street Market

Ce **marché** (Plan p. 120, D2 ; 312-666-1200 ; www.randolphstreetmarket.com ; 1340 W Washington Blvd, West Loop ; 10-12 $; 10h-17h le dernier week-end du mois fév-déc ; M Lignes verte ou rose, arrêt Ashland) inspiré du Portobello Market londonien est devenu incontournable. Dans le Plumbers Hall, à l'architecture Beaux-Arts, plus de 200 antiquaires exposent divers objets de collection, bijoux, livres, meubles, tapis turcs et même des flippers.

Shopping

Open Books

LIBRAIRIE

18 PLAN P. 120, G2

Les recettes de cette librairie aident à financer des programmes d'alphabétisation bénévoles pour enfants et adolescents. Canapés confortables pour lire sur place. Nombreux articles originaux pour les enfants. Comptez 5 $ par livre. (312-475-1355 ; www.open-books.org ; 651 W Lake St, West Loop ; 9h-19h lun-sam, 12h-18h dim ; ; M Ligne verte ou rose, arrêt Clinton)

Explorer
Pilsen et Near South Side

Il y a de quoi faire ici ! Le Field Museum, le Shedd Aquarium et l'Adler Planetarium sont rassemblés sur le Museum Campus, près du lac. Non loin se dressent des maisons-musées historiques et un célèbre lieu de l'histoire du blues. À la lisière sud, Chinatown fourmille d'échoppes. Plus à l'ouest, Pilsen mélange culture mexicaine et bohème underground de Chicago.

Notre sélection

- ***Field Museum of Natural History (p. 130)***. *Une des plus importantes institutions de recherche au monde, résidence de Sue le T-Rex.*
- ***National Museum of Mexican Art (p. 136)***. *L'art populaire coloré latino de ce musée.*
- ***Chinatown (p. 139)***. *Les biscuits des boulangeries chinoises et un après-midi shopping de souvenirs.*
- ***Northerly Island (p. 136)***. *Un tour à pied ou à vélo parmi les oiseaux de cette île verdoyante et sauvage.*

Comment y aller et circuler

Bus : Le n°130 (l'été) et le n°146 (toute l'année) vont à Museum Campus.

M : Lignes rouge, orange ou verte, arrêt Roosevelt pour le Museum Campus. Ligne rouge, arrêt Cermak-Chinatown pour Chinatown. Ligne verte, arrêt Cermak-McCormick Pl pour McCormick Place.

Voiture : Le Museum Campus ne manque pas de parking (à partir de 19 $/voiture les jours où il n'y a pas d'événements).

Plan de Pilsen et Near South Side p. 134

Fresque *Reach for Peace*, Pilsen YOLLOCALLI ARTS REACH, NATIONAL MUSEUM OF MEXICAN ART. PHOTO : TRIBUNE CONTENT AGENCY LLC/ALAMY STOCK PHOTOS ©

Les incontournables

Field Museum of Natural History

Au gigantesque Field Museum, on peut s'attendre à voir un peu de tout : coléoptères, momies, pierres précieuses... La star de la collection est Sue, le plus grand T-Rex jamais découvert. De ses 4 m de haut et 12,5 m de long, il domine le hall principal avec un aplomb féroce. Au-delà, les salles réunissent quelque 30 millions d'objets sous la gouverne d'une équipe de scientifiques chevronnés.

PLAN P. 58, E2

312-922-9410

www.fieldmuseum.org

1400 S Lake Shore Dr, Near South Side ; adulte/enfant 24/17 $; 9h-17h

146, 130

La réserve aux dinosaures

Vous rencontrerez d'abord le titanosaure herbivore nommé Maximo qui trône à l'étage principal. Il est encore plus grand que Sue. Vous êtes libre de le toucher, car il s'agit d'un moulage et non d'un vrai squelette. Après cette rencontre, les amoureux des dinosaures se rendront à l'exposition *Evolving Planet* à l'étage pour tout savoir sur l'évolution des différentes espèces et observer des paléontologues en plein nettoyage de fossiles. C'est ici que réside Sue, dans une suite privée accompagnée de vidéos détaillant le quotidien de son vivant.

Égypte ancienne

L'exposition *Inside Ancient Egypt* reproduit une ancienne chambre funéraire égyptienne sur 2 niveaux. Le mastaba, qui contient 23 momies, est une reconstitution de celui bâti pour Ounas-ankh, le fils du dernier pharaon de la Cinquième Dynastie, mort à l'âge de 21 ans en 2407 av. J.-C. L'étage du bas, riche en reliques, est particulièrement intéressant.

Pierres précieuses et animaux empaillés

Parmi les autres salles qui méritent l'attention, on retiendra le Hall of Gems (salle des pierres précieuses) avec ses grenats étincelants, opales, émeraudes, perles et diamants. La collection de totems de la côte nord-ouest des États-Unis et des peuples de l'Arctique a débuté pour l'Exposition universelle de 1893 de Chicago. Enfin, au rez-de-chaussée, le plus grand lion mangeur d'hommes jamais chassé (et empaillé) vous toise d'un air impassible telle une sentinelle. Sont conservés également des insectes, des oiseaux ainsi que Bushman, le célèbre singe grincheux qui a attiré les foules au zoo de Lincoln Park pendant des décennies.

★ À savoir

- Le billet "Basic" couvre tout ce qui vient d'être décrit.
- Les billets "All Access" et "Discovery" proposent, en plus, des films 3D et l'accès à des expositions spéciales.
- Les boutiques de souvenirs valent le détour pour leurs rayons de dinosaures et autres jouets éducatifs.

Une petite pause ?

Profitez du *beer garden* et d'une pizza à pâte fine chez **Flo & Santos** (312-566-9817 ; www.floandsantos.com ; 1310 S Wabash Ave, Near South Side ; plats 12-19 $; 11h30-23h dim-jeu, 11h30-minuit ven-sam ; M Lignes rouge, orange ou verte, arrêt Roosevelt).

Des vendeurs de hot dogs et d'en-cas sont installés autour du musée, sur les berges du lac. Sinon, marchez jusqu'à 12th Street Beach (p. 137) pour un tacos.

Promenade à pied

Pilsen hier et aujourd'hui

Pilsen est le résultat d'un métissage de cultures. Foyer de la culture mexicaine, avec boutiques de paletas *(bâtonnets de glace),* taquerías *et fresques de la Vierge de Guadalupe, elle se révèle aussi être un quartier* hipster, *avec boutiques vintage, bars à jus et bars-brasseries. Avant l'arrivée de ces deux pans de population, Pilsen accueillait les immigrants tchèques, d'où son nom.*

La promenade

Départ station 18th Street L (ligne rose)

Arrivée station 18th Street L

Distance 3,2 km

Durée 2 heures

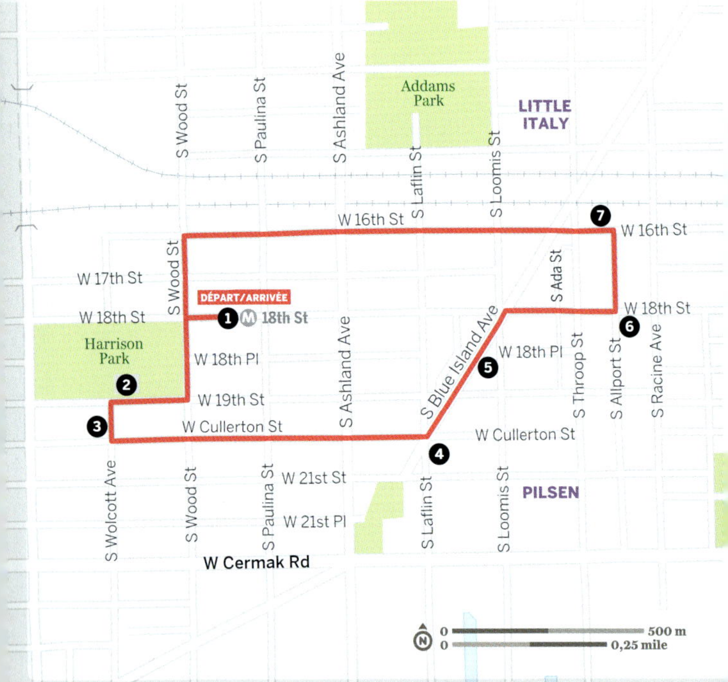

❶ 18th Street L

Partez de la **station 18th Street L**, dont les murs et les escaliers sont décorés de peintures de dieux aztèques et de squelettes.

❷ National Museum of Mexican Art

Prenez 18th St vers l'ouest jusqu'à Wood St, puis direction le sud en contournant le parc. Au niveau de 19th St, vous trouverez le **National Museum of Mexican Art** (p. 136) à l'ouest. Parcourez gratuitement son excellente collection de peintures et autres œuvres populaires.

❸ Gulliver in Wonderland

Regagnez 19th St en direction de l'ouest, puis prenez Wolcott Ave au sud. Une rue plus loin se tient la demeure du peintre muraliste Hector Duarte. L'extérieur est recouvert de l'œuvre de l'artiste, **Gulliver in Wonderland** (1900 W Cullerton St), qui représente un immigrant mexicain essayant de se libérer des barbelés.

❹ Alulu Brewery & Pub

Passez quatre rues vers l'est sur Cullerton St jusqu'à Laflin St, puis bifurquez au sud. Allez flâner à l'**Alulu Brewery & Pub** (☎312-600-9865 ; www.alulubrew.com ; 2011 S Laflin St ; 🕒17h-2h lun, mer et jeu, 15h-2h ven et dim, 15h-3h sam), rendez-vous intimiste de la jeunesse branchée de Pilsen. Affluence assurée par les brassins maison et la cuisine de pub, comme les *cheese curds* à la bière.

❺ La Michoacana Premium

Quelques rues en direction du nord-est, sur Blue Island Ave, l'ambiance est tout autre. Colorée de rose, **La Michoacana Premium** (☎312-226-9600 ; www.lamichoacanapremiumpilsen.com ; 1855 S Blue Island Ave ; bâtonnets et boules de glace 2-5,50 $; 🕒7h-23h lun-jeu, 7h-minuit ven-dim) est un superbe palais de la *paleta* fruitée.

❻ Thalia Hall

Quelques rues plus loin, vous arriverez au **Thalia Hall** (p. 140), modelé en 1892 sur l'exemple de l'opéra de Prague. Il accueille aujourd'hui des concerts de rock.

❼ Voie ferrée d'Allport St

Prenez Allport St vers le nord jusqu'à la rue suivante, et vous atteindrez une impasse. Le **mur** situé sous les voies ferrées qui s'élève ici sert d'immense galerie en plein air pour le street art. Prenez vers l'ouest sur 16th St et suivez les fresques sur 1,2 km. Bifurquez au sud au niveau de Wood St, passez deux intersections pour gagner 18th St, puis direction l'est. Vous voici à nouveau à la gare : la boucle est bouclée.

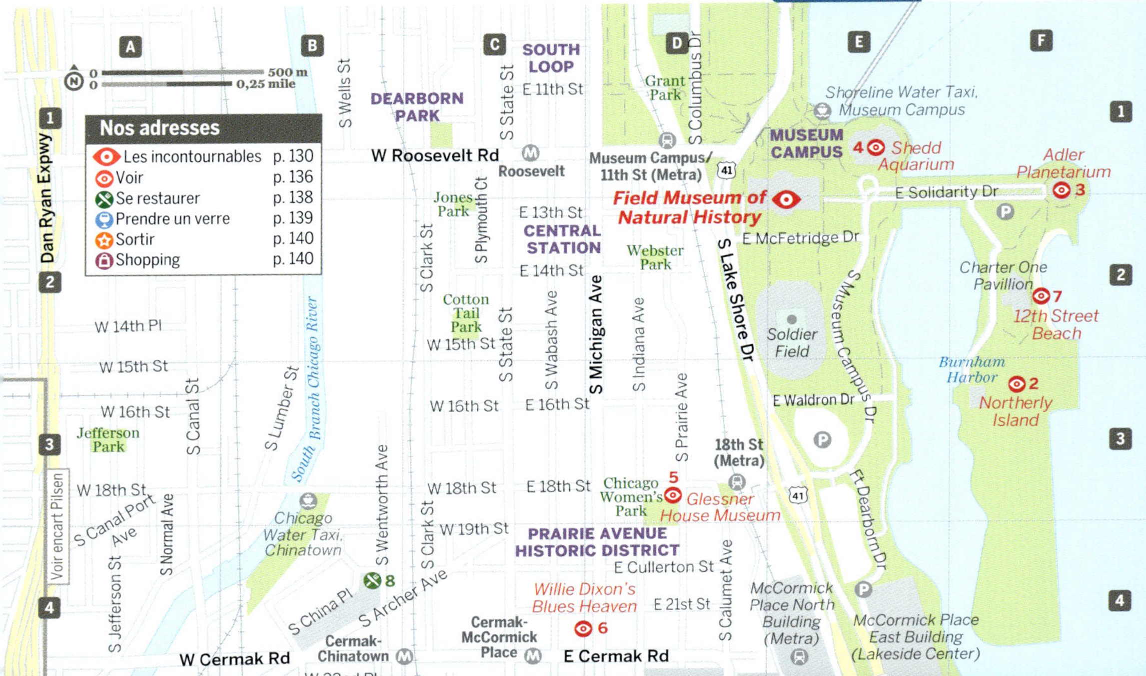
Nos adresses
Les incontournables p. 130
Voir p. 136
Se restaurer p. 138
Prendre un verre p. 139
Sortir p. 140
Shopping p. 140
0 500 m
0 0,25 mile
A
B
C
D
E
F
1
2
3
4
Dan Ryan Expwy
Voir encart Pilsen
DEARBORN PARK
SOUTH LOOP
CENTRAL STATION
MUSEUM CAMPUS
PRAIRIE AVENUE HISTORIC DISTRICT
W Roosevelt Rd
Roosevelt
Museum Campus/ 11th St (Metra)
Field Museum of Natural History
Shoreline Water Taxi, Museum Campus
4 Shedd Aquarium
Adler Planetarium 3
E Solidarity Dr
E McFetridge Dr
Charter One Pavillion
7 12th Street Beach
Burnham Harbor
2 Northerly Island
Soldier Field
S Museum Campus Dr
E Waldron Dr
Ft Dearborn Dr
S Lake Shore Dr
18th St (Metra)
5 Glessner House Museum
Chicago Women's Park
Willie Dixon's Blues Heaven
6
McCormick Place North Building (Metra)
McCormick Place East Building (Lakeside Center)
Cermak-McCormick Place
Cermak-Chinatown
8
Chicago Water Taxi, Chinatown
Grant Park
Webster Park
Jones Park
Cotton Tail Park
Jefferson Park
S Wells St
S State St
S Columbus Dr
E 11th St
E 13th St
E 14th St
E 16th St
E 18th St
E Cullerton St
E 21st St
S Plymouth Ct
S Clark St
S Wabash Ave
S Michigan Ave
S Indiana Ave
S Prairie Ave
S Calumet Ave
W 14th Pl
W 15th St
W 16th St
W 18th St
W 19th St
S Canal St
S Lumber St
South Branch Chicago River
S Wentworth Ave
S Canal Port Ave
S Normal Ave
S Jefferson St
S China Pl
S Archer Ave
W Cermak Rd
E Cermak Rd
41

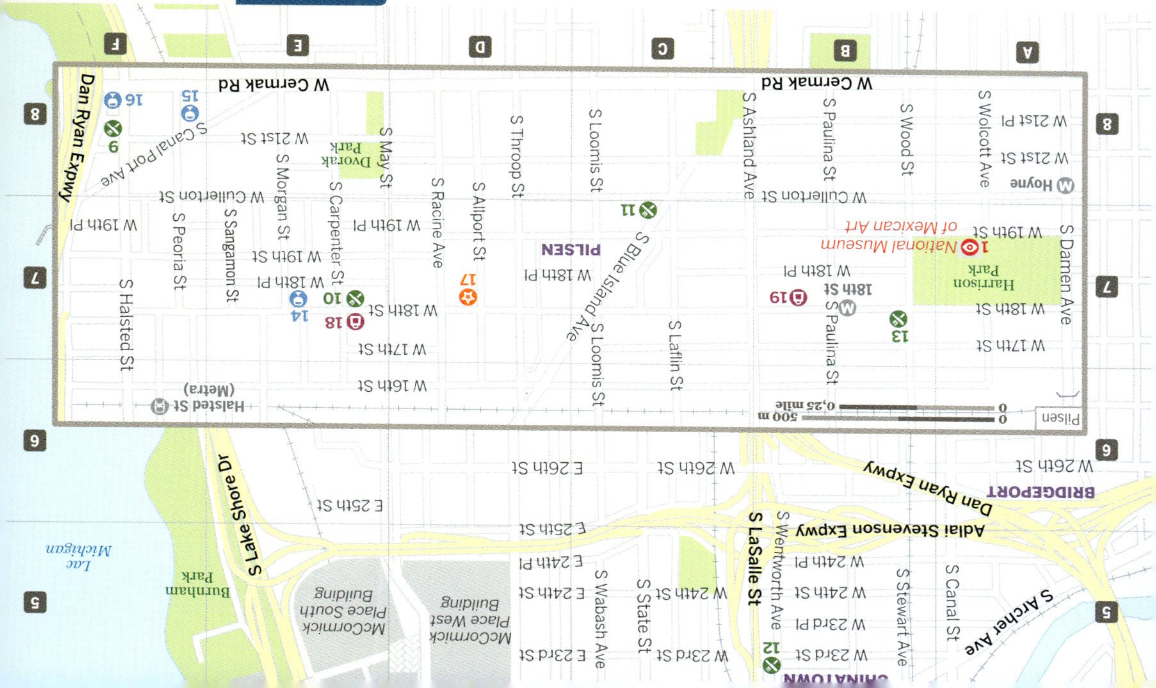
PILSEN
BRIDGEPORT
CHINATOWN
Lac Michigan
Burnham Park
Harrison Park
Dvorak Park
McCormick Place South Building
McCormick Place West Building
National Museum of Mexican Art
W Cermak Rd
Dan Ryan Expwy
Adlai Stevenson Expwy
S Lake Shore Dr
S Canal Port Ave
S Blue Island Ave
S Archer Ave
Halsted St (Metra)
18th St
Hoyne
S Halsted St
S Peoria St
S Sangamon St
S Morgan St
S Carpenter St
S May St
S Racine Ave
S Allport St
S Throop St
S Loomis St
S Laflin St
S Ashland Ave
S Paulina St
S Wood St
S Wolcott Ave
S Damen Ave
S LaSalle St
S Wentworth Ave
S Stewart Ave
S Canal St
S Wabash Ave
S State St
W 16th St
W 17th St
W 18th St
W 18th Pl
W 19th St
W 19th Pl
W Cullerton St
W 21st St
W 21st Pl
W 23rd St
W 23rd Pl
W 24th St
W 24th Pl
W 26th St
E 23rd St
E 24th St
E 24th Pl
E 25th St
E 26th St
500 m
0,25 mile
Pilsen
A
B
C
D
E
F
5
6
7
8

Voir

National Museum of Mexican Art MUSÉE

1 PLAN P. 58, A7

Véritable institution de l'art latino des États-Unis, ce superbe musée établi en 1982 expose tableaux classiques, autels en or, œuvres populaires bardées de squelettes, et ouvrages en perles. Très colorée, la collection permanente évoque 1 000 ans d'art et de culture mexicains. (312-738-1503 ; www.nationalmuseumofmexicanart.org ; 1852 W 19th St, Pilsen ; gratuit ; 10h-17h mar-dim ; M Ligne rose, arrêt 18th St)

Northerly Island PARC

2 PLAN P. 58, F3

Ce parc vallonné ravit les marcheurs, les cyclistes, mais aussi les pêcheurs et les ornithologues amateurs. Abritant aussi une grande scène de concert, cette "île" – techniquement une péninsule – offre une vue magnifique sur les gratte-ciel de Chicago. S'il est ouvert, passez au pavillon d'accueil pour vous renseigner sur la piste cyclable/de randonnée, parfois partiellement fermée pour cause de mauvais temps. Location de vélos à la borne Divvy de l'Adler Planetarium. (1521 S Linn White Dr, Near South Side ; 146, 130)

Adler Planetarium MUSÉE

3 PLAN P. 58, F1

Les amoureux de l'espace auront leur Big Bang dans ce musée : télescopes (10h-13h tlj, au Galileo Cafe) pour observer les étoiles et projections en 3D (dans le **Space Visualization Lab**) consacrées aux supernovas. **Planet Explorers** permet aux enfants de procéder au "lancement" d'une fusée. Supplément (à partir de 13 $) pour les films numériques immersifs. Les marches à l'entrée offrent une vue panoramique sur Chicago. (312-922-7827 ; www.adlerplanetarium.org ; 1300 S Lake Shore Dr, Near South Side ; adulte/enfant 12/8 $; 9h30-16h tlj ; ; 146, 130)

Shedd Aquarium AQUARIUM

4 PLAN P. 58, E1

Parmi les curiosités préférées des enfants, les plus marquantes sont sans doute le **Wild Reef**, où seulement 13 cm de Plexiglas vous séparent d'une vingtaine de requins, et l'**Oceanarium**, avec ses loutres de mer. Ce dernier héberge aussi bélugas et dauphins à flanc blanc du Pacifique, une pratique de plus en plus critiquée, car la captivité est source de stress pour ces créatures sensibles. (312-939-2438 ; www.sheddaquarium.org ; 1200 S Lake Shore Dr ; adulte/enfant 40/30 $; 9h-18h juin-août, 9h-17h lun-ven, 9h-18h sam-dim sept-mai ; ; 146, 130).

Glessner House Museum MUSÉE

5 PLAN P. 58, D3

La John J. Glessner House de 1887 est la principale survivante du **Prairie Avenue Historic District**. L'intérieur s'apparente beaucoup à un manoir anglais, avec ses grosses poutres en bois et autres détails très *british*. De plus, la passion des Glessner pour les photos de famille a permis d'authentifier plus de 80% du mobilier actuel. Les visites (1 heure 15) sont très complètes. (☎312-326-1480 ; www.glessnerhouse.org ; 1800 S Prairie Ave, Near South Side ; visites adulte/enfant 15/8 $, entrée mer gratuit ; ⏲visites 11h30, 13h et 14h30 mer-dim ; 🚌1)

Willie Dixon's Blues Heaven

ÉDIFICE HISTORIQUE

6 ◉ PLAN P. 58, C4

De 1957 à 1967, ce modeste immeuble abrita Chess Records, le label culte du blues électrique. L'édifice porte désormais le nom du bassiste auteur de la plupart des hits du label. Lors des visites guidées (1 heure), vous verrez peu d'objets d'origine. Les fans inconditionnels frissonneront tout de même en écoutant les anecdotes de cette époque exaltante, et entreront dans le studio où enregistraient leurs héros. Concerts de blues gratuit dans le jardin latéral les jeudis à 18h en été. (☎312-808-1286 ; www.bluesheaven.com ; 2120 S Michigan Ave, Near South Side ; adulte/enfant 15/10 $; ⏲12h-16h mar-sam ; M Ligne verte, arrêt Cermak-McCormick Place)

12th Street Beach

PLAGE

7 ◉ PLAN P. 58, F2

Un chemin part du sud de l'Adler Planetarium pour rejoindre cette petite plage isolée. Quoique proche du très visité Museum Campus, elle reste curieusement peu fréquentée.

Shedd Aquarium

Pilsen et ses œuvres publiques

Les peintures murales, forme d'expression artistique traditionnelle au Mexique, décorent bien des bâtiments de Pilsen. Les artistes et activistes locaux encadrent les **Pilsen Public Art Tours** (773-787-6847 ; www.ppat.space ; circuit 1 heure 125 $/groupe), des circuits à pied qui incluent les œuvres les plus saisissantes du quartier. Lieu et heure de rendez-vous à fixer par téléphone ou en ligne.

Bains publics, vendeur de tacos et quelques tables de pique-nique sont peu ou prou les seules commodités. (www.cpdbeaches.com ; 1200 S Linn White Dr, Near South Side ; 6h-23h ; 146, 130)

Se restaurer

Qing Xiang Yuan Dumplings CHINOIS $

8 PLAN P. 58, B4

Les raviolis (*dumplings*) tiennent la vedette dans ce restaurant lumineux éclairé par des lanternes en bambou. À la vapeur ou frits, servis par 12 ou 18, ils sont déclinés en une bonne trentaine de recettes (agneau-coriandre, porc haché-chou ou maquereau-poireau). Quel que soit votre choix, attendez-vous à une explosion de saveurs. (312-799-1118 ; www.qxydumplings.com ; 2002 S Wentworth Ave, Suite 103, Chinatown ; plats 9-14 $; 11h30-21h ; M Ligne rouge, arrêt Cermak-Chinatown)

Pleasant House Pub CUISINE DE PUB $

9 PLAN P. 58, F8

Suivez votre odorat jusqu'à ce lieu où l'on prépare d'imposantes tartes salées bien moelleuses. Poulet et chutney, viande à la bière ou chou frisé et champignons. Excellentes bières locales ou importées du Royaume-Uni. Nous conseillons le poisson frit du vendredi. (773-523-7437 ; www.pleasanthousepub.com ; 2119 S Halsted St, Pilsen ; plats 10,50-15 $; 10h-22h mar-jeu, 10h-minuit ven-sam, 10h-22h dim ; ; 8)

Don Pedro Carnitas MEXICAIN $

10 PLAN P. 58, E7

Au comptoir de ce spécialiste de la viande sans fioritures, vous serez accueilli par un homme armé d'une machette. Sur vos ordres, il découpera d'épais morceaux de porc qu'il recouvrira d'oignons et de coriandre dans une tortilla bien chaude. Ragoût à la chèvre et tripes s'offrent aussi aux carnivores. Espèces seulement. (1113 W 18th St, Pilsen ; tacos 2,50 $; 6h-18h lun-jeu, 5h-17h ven-dim ; M Ligne rose, arrêt 18th St)

Taqueria El Milagro MEXICAIN $

11 PLAN P. 58, C7

El Milagro est un classique. D'un côté, c'est un restaurant en libre-service, fréquenté par les habitants, avec ragoût de bœuf mijoté dans la sauce tomate ou poulet sauce *mole* chocolatée, le tout sur fond de musique mexicaine. De l'autre, c'est une fabrique de tortillas où l'on achète ces galettes fraîches par paquets. (312-433-7620 ; 1923 S Blue Island Ave, Pilsen ; plats 3,50-7 $; 8h-19h lun-jeu, 7h30-20h ven-sam, 7h30-19h dim ; M Ligne rose, arrêt 18th St)

Chiu Quon Bakery & Dim Sum

BOULANGERIE $

12 PLAN P. 58, B5

Pour un déjeuner à la carte et bon marché à Chinatown, cette boulangerie propose des brioches au porc, des mini-flans, des pâtisseries à la noix de coco et à la courge ainsi que quelques dim sums (raviolis à la crevette, gâteau au taro, roulé au riz collant, *bao* vapeur à la crème). À emporter ou à déguster goulûment aux tables rudimentaires à l'arrière. Espèces uniquement. (312-808-1818 ; www.cqbakery.com ; 2253 S Wentworth Ave, Chinatown ; pâtisseries et en-cas 1-4 $; 7h-22h)

5 Rabanitos

MEXICAIN $$

13 PLAN P. 58, B7

Avec sa façade jaune, vert et bleu, le 5 Rabanitos ressemble à n'importe quelle *taquería* de 18th St, mais son chef a fait ses classes avec le célèbre chef Rick Bayless. Ses plats sortent du lot grâce à des mélanges d'épices surprenants et des sauces addictives. Goûtez la *torta ahogada*, un sandwich au porc arrosé de sauce au piment. Plusieurs plats végétariens. Venez avec votre bouteille. (312-285-2710 ; www.5rabanitos.com ; 1758 W 18th St, Pilsen ; plats 15-17 $; 11h-21h mar-jeu, 11h-22h ven, 9h-22h sam, 9h-21h dim ; ; M Ligne rose, arrêt 18th St)

Prendre un verre

La Catrina Cafe

CAFÉ

14 PLAN P. 58, E7

Boissons réconfortantes et expositions dans le vent rassemblent militants, artistes et étudiants dans ce lieu spacieux et accueillant. Parfait pour un chocolat chaud mexicain, un café à la cannelle ou un biscuit décoré du visage de Frida Kahlo. On répère l'adresse de loin à sa peinture

Chinatown

Le petit mais très animé Chinatown de Chicago est à 10 minutes de train du Loop. Prenez la ligne rouge jusqu'à l'arrêt Cermak-Chinatown, qui vous placera au milieu des deux parties distinctes du quartier : Chinatown Square (une énorme artère commerciale sur deux niveaux) qui se déploie vers le nord le long d'Archer Ave, et Old Chinatown (le quartier commercial originel) qui s'étend le long de Wentworth Ave vers le Sud. D'un côté ou de l'autre, vous pourrez flâner entre boulangeries et échoppes vendant des babioles Hello Kitty.

murale colorée. (312-434-4040 ; www.facebook.com/lacatrinacafeon18 ; 1011 W 18th St, Pilsen ; 7h-21h lun-jeu, 7h-18h ven, 8h-18h sam-dim ; ; M Ligne rose, arrêt 18th St)

Moody Tongue — MICROBRASSERIE

15 PLAN P. 58, F8

Un feu qui crépite, des verres élégants, et surtout des brassins subtils incorporant des ingrédients gourmands (truffe noire, chocolat de Oaxaca, etc.)... Ce bar discret mais bien placé est plus propice à un apéritif intime qu'à une soirée survoltée entre amis. (312-600-5111 ; www.moodytongue.com ; 2136 S Peoria St, Pilsen ; 17h-22h mer, 17h-23h jeu, 17h-minuit ven, 12h-minuit sam, 12h-21h dim ; 8)

Skylark — BAR

16 PLAN P. 58, F8

Un repaire pour le genre arty qui aime s'affaler nonchalamment sur des banquettes, un verre d'alcool fort à la main et une assiette de croquettes de pommes de terre en accompagnement. Flipper et photomaton. Un arrêt sympathique après le "*gallery hop*" de Pilsen (un événement artistique gratuit, organisé par des galeries, des magasins et des ateliers). Espèces uniquement. (312-948-5275 ; www.skylarkchicago.com ; 2149 S Halsted St, Pilsen ; 16h-2h dim-ven, 16h-3h sam ; ; 8)

Chicago Football

Les Bears, l'équipe de la NFL de Chicago, jouent à **Soldier Field** (Plan p. 58, E2 ; 312-235-7152 ; www.chicagobears.com ; 1410 S Museum Campus Dr, Near South Side ; 146, 130) de septembre à janvier. Arrivez tôt les jours de match et promenez-vous dans les parkings : vous serez étonnés de voir les festins qui se préparent à l'arrière de certaines voitures.

Sortir

Thalia Hall — MUSIQUE LIVE

17 PLAN P. 58, D7

Cette salle de taille moyenne, inspirée de l'opéra de Prague, organise des concerts de rock, de country alternative, de jazz et de metal. Cet espace de 1892 abrite un gastropub au premier niveau et un bar à cocktails au sous-sol. Dans la remise attenante, un saloon punk doté d'un piano invite à passer le temps avant et après le spectacle. (312-526-3851 ; www.thaliahallchicago.com ; 1807 S Allport St, Pilsen ; M Ligne rose, arrêt 18th St)

Shopping

Pilsen Community Books — LIVRES

18 PLAN P. 58, E7

Décoré de machines à écrire vintage et de meubles anciens qui servent de bureaux, ce petit commerce de livres neufs et d'occasion (fiction, poésie, philosophie et beaucoup

ROBIN ALAM/ICON SPORTSWIRE VIA GETTY IMAGES ©

Les Chicago Bears lors d'une rencontre à Soldier Field

de livres en espagnol) ne manque pas de charme. Des échelles coulissantes permettent d'accéder aux étagères qui occupent toute la hauteur du lieu. Œuvrant pour la communauté, cette librairie offre des livres aux écoles locales. (www.pilsencommunitybooks.org ; 1102 W 18th St, Pilsen ; 11h-18h dim-lun, 11h-21h mar-sam ; M Ligne rose, arrêt 18th St)

Pilsen Outpost — ART ET ARTISANAT

19 PLAN P. 58, B7

Cette galerie et boutique compacte, gérée par des artistes, vend t-shirts sérigraphiés, fanzines, cartes, posters et petites peintures sur toile. Tout est fabriqué dans le secteur. Personnel formidablement accueillant. (773-830-4800 ; www.pilsenoutpost.com ; 1637 W 18th St, Pilsen ; 12h-20h mer-ven, 11h-19h sam, 11h-17h dim ; M Ligne rose, arrêt 18th St)

Knee Deep Vintage — VINTAGE

Knee Deep (voir 17 Plan p. 58, D7) propose une myriade de vêtements vintage pour hommes et femmes. Parmi ses présentoirs, entre robes des années 1970 avec imprimés à plume et chemises hawaïennes des années 1960, vous dénicherez peut-être le parfait manteau en faux léopard des années 1950. Collection de qualité, et prix raisonnables quoique assez élevés. Dans le bâtiment du Thalia Hall. (312-850-2510 ; www.kneedeepvintage.com ; 1219 W 18th St, Pilsen ; 12h-20h lun-jeu, 11h-20h ven-sam, 12h-18h dim ; M Ligne rose, arrêt 18th St)

Vaut le détour

Museum of Science & Industry

Le musée des Sciences et de l'Industrie ravira les curieux et les passionnés du genre. On peut y voir un sous-marin allemand de la Deuxième Guerre mondiale au sous-sol, un puits de mine de charbon grandeur nature et la simulation d'une tornade et d'un tsunami.

www.msichicago.org ; 5700 S Lake Shore Dr, Hyde Park ; adulte/enfant 22/13 $

9h30-17h30 juin-août, horaires réduits sept-mai

6, 10 M Ligne Metra Electric, arrêts 55th-56th-57th St

Niveau 1 et sous-marin

Le premier niveau renferme le **U-boat**, un submersible colossal. Mis en scène à l'hollywoodienne : sur fond de musique dramatique, le sous-marin est baigné de lumière bleue par des projecteurs mouvants. Il y a beaucoup à voir ici, mais le clou du spectacle est la montée à bord du sous-marin pour visiter ses quartiers exigus (supp adulte/enfant 18/14 $). Les billets sont en vente au kiosque situé sur le côté de l'exposition, ou à l'entrée du musée. Aussi, un kiosque interactif propose de s'essayer à la cryptologie. Le niveau 1 abrite également le **Space Center**, avec ses fusées et son module lunaire *Apollo 8*, la **maison de poupée "Fairy Castle"** et l'**exposition Farm Tech**, qui propose de grimper sur d'énormes tracteurs.

Niveaux 2 et 3

Au programme du niveau 2 : de nombreux trains, des fausses tornades et des tsunamis déferlant vers vous aux **Science Storms** et une plongée dans le puits réaliste d'une **mine de charbon** (supp adulte/enfant 12-9 $). La **couveuse à poussins** occupe également cet étage.

Au plafond du niveau 3 sont suspendus de remarquables **bombardiers en piqué allemands** et **Spitfires anglais**. L'exposition *You! The Experience* permet de parcourir un cœur géant en 3D et d'admirer des coupes de corps humains épaisses d'un peu plus de 1 cm.

Curiosités en plein air

Le bâtiment principal du musée servit de palais des beaux-arts durant l'emblématique Exposition universelle de 1893. Elle était installée dans le parc environnant, **Jackson Park** (6401 S Stony Island Ave, Woodlawn ; 🚌 6, Ⓜ Ligne Metra Electric, arrêt 59th St ou 63rd St) : un endroit excellent pour récupérer après avoir écumé le musée.

★ À savoir

- En été et pendant les expositions à succès, l'attente peut être longue. Réservez vos billets en ligne.
- Les enfants de moins de 11 ans adorent l'exposition interactive Idea Factory au niveau 1 ; les plus âgés ne démordront pus des simulateurs de vol (supp 6-8 $) du niveau 3.

✕ Une petite pause ?

Le **Medici** (☎ 773-667-7394 ; www.medici57.com ; 1327 E 57th St, Hyde Park ; plats 9-16 $; 🕓 7h-22h lun-jeu, 7h-23h ven, 9h-23h sam, 9h-22h dim ; 📶 ✎ 👪 ; 🚌 6, Ⓜ Ligne Metra Electric, arrêts 55th-56th-57th St), à près de 800 m, prépare pizzas et snacks.

Le bar de quartier **Cove Lounge** (☎ 773-684-1013 ; www.thecovelounge.com ; 1750 E 55th St, Hyde Park ; 🕓 11h-2h dim-ven, 11h-3h sam ; 🚌 6, Ⓜ Ligne Metra Electric Line, arrêts 55th-56th-57th St) possède un juke-box.

Vaut le détour

Robie House

Chef-d'œuvre de Frank Lloyd Wright dans le style Prairie, la Robie House est l'une des habitations les plus célèbres. Elle est souvent considérée comme l'un des bâtiments les plus importants de l'architecture américaine. Ses tons terracota, sa structure basse, et ses longues lignes horizontales sont censés refléter le paysage du Midwest.

312-994-4000

www.flwright.org

5757 S Woodlawn Ave, Hyde Park

adulte/enfant 18/15 $

10h30-15h jeu-lun

6, M Ligne Metra Electric, arrêt 59th St

La famille Robie

Frederick C. Robie, homme d'affaires visionnaire des débuts de l'automobile, n'avait que 28 ans lorsqu'il commanda à Wright une maison moderne pour sa famille. Wright la dessina entre 1908 et 1909, mais fut absent pendant la majeure partie du chantier, ayant déménagé en Europe avec sa maîtresse. Les Robie emménagèrent en 1910, mais des problèmes financiers et conjugaux les forcèrent à vendre la maison 14 mois plus tard.

Intérieur et visites

Si l'on compte son mobilier, ses luminaires et ses 174 vitraux, la construction de la Robie House coûta près de 60 000 $. L'angle de rue qu'elle occupe est trois fois plus long que large, ce qui incita Wright à penser la maison comme une série de rectangles filiformes.

Une grande restauration a permis de rendre l'intérieur plus fidèle à la vision originelle de Wright. Remarquez la façon dont le mobilier reproduit les formes du bâtiment, et comment les couleurs évoquent celles d'une prairie en automne. Des guides bénévoles racontent l'histoire de la maison au cours de visites d'une heure (départs toutes les 30 min environ jeu-lun juin-oct, toutes les heures le reste de l'année).

Préservation

Après le départ des Robie, la maison fut vendue plusieurs fois. Le Séminaire théologique de Chicago, qui l'acquit en 1926, annonça à deux reprises vouloir la raser, car elle faisait un dortoir trop petit. En 1941, le bâtiment fut sauvé par une campagne épistolaire ; en 1957, Frank Lloyd Wright, alors âgé de 90 ans, vint en personne demander qu'il fût préservé. La même année, la Robie House devint le premier monument classé de Chicago.

★ À savoir

- Nous vous conseillons vivement de réserver vos billets par téléphone ou sur Internet (moyennant un léger supplément).
- La petite boutique de souvenirs vend sous-verres, veilleuses, bougeoirs et autres articles de style Prairie. Les recettes servent à la préservation du bâtiment.

Une petite pause ?

L'effervescent **Plein Air Cafe** (773-966-7531 ; www.pleinaircafe.com ; 5751 S Woodlawn Ave, Hyde Park ; plats 7-11 $; 7h-20h lun-ven, 8h-18h sam-dim ; 6, M Ligne Metra Electric, arrêt 59th St) jouxte la librairie coopérative du Séminaire.

Le **Jimmy's Woodlawn Tap** (773-643-5516 ; 1172 E 55th St, Hyde Park ; 10h30-2h lun-ven, 11h-3h sam, 11h-2h dim ; 6, M Ligne Metra Electric, arrêts 55th-56th-57th St), à environ 800 m, est parfait pour une bière et un burger.

Carnet pratique

Water Tower (p. 76) DAVE NEWMAN/SHUTTERSTOCK ©

Avant de partir

Hébergement

- C'est probablement pour vous loger que vous dépenserez le plus à Chicago.
- Les meilleurs hébergements sont les boutiques-hôtels avec accès Internet situés dans des édifices de caractère.
- Plusieurs auberges de jeunesse indépendantes ont ouvert dans des quartiers périphériques sympathiques comme Wicker Park et Wrigleyville.
- Ceux qui se rendent à des congrès logent dans les imposants hôtels d'affaires du Loop et de Near North.
- Les B&B qui se cachent à Wicker Park et Lake View peuvent s'avérer moins chers qu'un hôtel.

Chicago

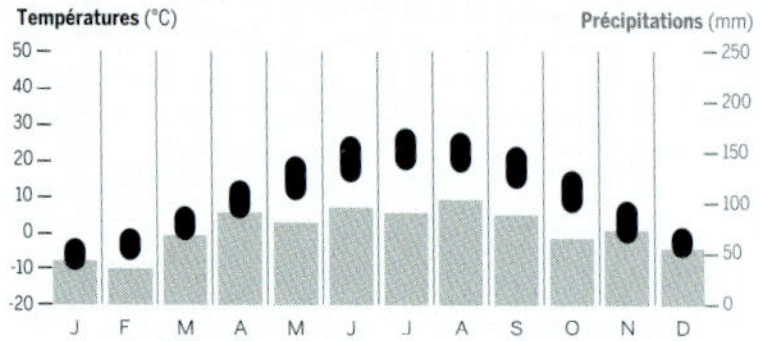

Quand partir

- **Hiver (déc-fév)**. Saison froide. Décembre est un mois festif.
- **Printemps (mars-mai)**. Saison intermédiaire : l'air se réchauffe et les rabais sont répandus.
- **Été (juin-août)**. Haute saison. Beau temps et festivals.
- **Automne (sept-nov)**. Septembre et octobre sont agréables : météo et tarifs convenables.

Sites Web utiles

Chicago Bed & Breakfast Association (www.chicago-bed-breakfast.com). Représente une dizaine de B&B.

Hotel Tonight (www.hoteltonight.com). Discounter national avec bonnes affaires de dernière minute. Réservation via l'appli, gratuite.

- **Airbnb** (www.airbnb.com). Pour louer chambre et appartement à des particuliers.

Choose Chicago (www.choosechicago.com). Le site officiel du tourisme à Chicago.

Petits budgets

Found Hotel (www.foundhotels.com). Mi-auberge de jeunesse, mi-hôtel, avec des espaces collectifs avenants.

Wicker Park Inn (www.wickerparkinn.com) B&B chaleureux au cœur de l'animation de Wicker Park.

Holiday Jones (www.holidayjones.com). Bon rapport qualité-prix pour cette auberge de jeunesse en dehors des sentiers battus.

Freehand Chicago (www.freehandhotels.com/chicago). Entre l'auberge de jeunesse et l'hôtel, un hybride ultra-tendance aux dortoirs high-tech.

HI-Chicago (www.hichicago.org). Auberge de jeunesse idéalement située en plein Loop. Visites gratuites de la ville.

Catégorie moyenne

Hampton Inn Chicago Downtown/N Loop (www.hamptonchicago.com). Les services de grande qualité de cette chaîne, dans un charmant cadre rétro.

Majestic Hotel (www.majestic-chicago.com). Belle propriété aux airs de manoir anglais près du lac.

Hotel Lincoln (www.jdvhotels.com). Hôtel délicieusement insolite, avecdéco inspirée et service de location de vélo en saison.

Willows Hotel (www.willowshotelchicago.com). Un hôtel coquet avec de jolies chambres.

Moxy Chicago Downtown (www.moxy-hotels.marriott.com). Chambres compactes et parties communes très festives.

Catégorie supérieure

Viceroy Chicago (www.viceroyhotel-sandresorts.com). Le dernier-né des hôtels de luxe de Chicago plaît par ses chambres cosy, ses produits inclus et son service à l'écoute.

Waldorf Astoria (www.waldorfastoria-chicagohotel.com). Un nom synonyme d'opulence hôtelière classique, et un lieu qui fait honneur à ses cinq étoiles.

Fairmont (www.fairmont.com/chicago). Logements haut de gamme avec vue imbattable à un jet de pierre de Millennium Park.

Peninsula Chicago (www.peninsula.com). L'un des plus prestigieux hôtels de luxe à Chicago.

Un fil d'ARIANE en voyage

Vous êtes ressortissant français ? Pensez à vous enregistrer sur le **portail Ariane** (pastel.diplomatie.gouv.fr/fildariane) du ministère des Affaires étrangères. Ce service gratuit vous permet de recevoir des alertes si la situation le justifie. Crise politique, catastrophe naturelle, attentat... recevez en temps réel des consignes de sécurité lors de votre voyage.

Arriver à Chicago

Depuis l'aéroport O'Hare

À 27 km du Loop direction nord-ouest, l'**aéroport international d'O'Hare** (ORD ; ✆800-832-6352 ; www.flychicago.com/ohare ; 10000 W O'Hare Ave) est le quartier général de United Airlines. C'est aussi un carrefour aérien pour American Airlines. La plupart des compagnies non américaines et des vols internationaux passent par le terminal 5. Les vols intérieurs transitent par les terminaux 1, 2 et 3. Des DAB et des bureaux de change existent dans tout l'aéroport. Wi-Fi gratuit, mais lent.

Depuis l'aéroport Chicago Midway

À 17,5 km du Loop direction sud-ouest, l'**aéroport international Midway** (MDW ; ✆773-838-0600 ; www.flychicago.com/midway ; 5700 S Cicero Ave, Clearing)

Agences en ligne

Vous pouvez réserver votre vol via une agence en ligne ou vous renseigner auprès d'un comparateur de vols :

- www.bourse-des-vols.com
- www.ebookers.fr
- www.expedia.fr
- www.govoyages.com
- www.illicotravel.com
- www.kayak.fr
- www.opodo.fr
- www.skyscanner.fr
- voyages.kelkoo.fr
- oui.sncf

possède trois halls : A, B et C. Southwest Airlines dessert le hall B, et la plupart des autres compagnies décollent du A. L'aéroport est équipé de DAB, et le hall A d'un bureau de change. Wi-Fi gratuit, mais lent.

Depuis la gare Union Station

Les trains de Chicago convergent aux grandes colonnes doriques de **Union Station** (www.chicagounionstation.com ; 225 S Canal St ; M Ligne bleue, arrêt Clinton), à la limite ouest du Loop. De tout le pays, c'est ici qu'Amtrak (www.amtrak.com) propose le plus de correspondances.

Depuis la France

Air France, British Airways et de nombreuses compagnies américaines proposent des vols directs Paris-Chicago (8 heures 20-9 heures 30), mais les vols avec escale sont souvent moins chers. Comptez un minimum de 390 € aller-retour en basse saison et 700 € environ en haute saison.

Quelques compagnies :

- **Air France** (www.airfrance.fr)
- **American Airlines** (www.aa.com)
- **British Airways** (www.britishairways.com)
- **United Airlines** (www.united.com)

Depuis la Belgique

Des vols directs sont proposés par Brussels Airlines, Lufthansa et United Airlines (8 heures 15-9 heures). Différentes compagnies aériennes assurent des vols avec escale à des tarifs plus avantageux. En basse saison, vous paierez au moins 500 € et environ 900 € en haute saison.

Voici des adresses utiles :

- **Brussels Airlines** (www.brusselsairlines.com)
- **British Airways** (www.britishairways.com)
- **Lufthansa** (www.lufthansa.com)
- **Airstop** (www.airstop.be)
- **Connections** (www.connections.be)
- **Gigatours Voyages Éole** (www.voyageseole.be)

Depuis la Suisse

Seule la compagnie aérienne Swiss relie Zurich à Chicago en vol direct (8 heures 40-9 heures 50). Souvent en partage de code avec United Airlines, Swiss assure plusieurs vols par semaine Genève-Chicago (1 escale). D'autres compagnies européennes proposent des vols avec escale. Comptez au moins 550 FS en basse saison et 850 FS en haute saison.

Quelques transporteurs :

- **Swiss** (www.swiss.com)
- **United Airlines** (www.united.com)

Depuis le Canada

Depuis Montréal, Air Canada, United Airlines ou American Airlines rallient Chicago en vol direct (environ 2 heures 30). Parmi les autres compagnies, citons Porter Airlines (avec escale à Toronto). Comptez à partir de 350 $C en basse saison.

Quelques adresses utiles :

- **Air Canada** (www.aircanada.com)
- **American Airlines** (www.aa.com)
- **Porter Airlines** (www.flyporter.com)
- **United Airlines** (www.united.com)
- **Expedia** (www.expedia.ca)
- **Flight Hub** (www.flighthub.com)
- **Travel CUTS** (www.travelcuts.com)

Comment circuler

Vélo

- Chicago est une ville de cyclistes avertis, et les vélos en libre-service sont très utilisés. **Divvy** (www.divvybikes.com) compte 580 bornes dans Chicago et sa banlieue pour louer l'un de leurs 5 800 vélos bleu ciel.
- Le pass journée (15 $) permet une utilisation illimitée pendant 24 heures (maximum 3 heures par trajet). Le pass trajet unique (3 $) est valable 30 minutes. Les deux sont en vente aux kiosques des stations ou via l'app Divvy. Les tarifs augmentent vite si vous dépassez la durée pour laquelle vous avez payé.
- L'app Divvy permet de trouver une borne, de s'assurer que des vélos sont disponibles et de payer facilement.
- Les locations de vélo pour des trajets plus longs (avec casque et cadenas) coûtent environ 8 $ l'heure.

Essayez **Bike & Roll** (plan p. 44, F2 ; 312-729-1000 ; www.bikechicago.com ; 239 E Randolph St ; visites adulte/enfant à partir de 45/35 $; 9h-19h ; M Lignes marron, orange, verte, violette ou rose, arrêt Washington/Wabash) ou bien **Bobby's Bike Hike** (plan p. 58, G3 ; 312-245-9300 ; www.bobbysbikehike.com ; 540 N Lake Shore Dr, Streeterville ; à partir de 8/27 $ par heure/jour, visites 38/70 $; 8h30-20h lun-ven, 8h-20h sam-dim juin-août, 9h-19h mars-mai et sept-nov ; M Ligne rouge, arrêt Grand). Location de vélos enfant également, et réductions sur les réservations en ligne.

Bus

- Les bus municipaux circulent tôt le matin et jusque tard le soir.
- Le billet coûte 2,25 $ (2,50 $ avec correspondance).
- Possibilité d'utiliser une Ventra Card (carte de transports rechargeable, en vente aux stations de métro) ou d'acheter le ticket à bord en faisant l'appoint.
- Le bus est très pratique pour rejoindre

Calcul d'itinéraires

Le site Internet de la **Chicago Transit Authority** (www.transitchicago.com) affiche les horaires du "L" (métro) et des bus, et propose une fonction de calcul des itinéraires.

le Museum Campus, le Science & Industry Museum et le Lincoln Park Zoo.

Taxi

- Les taxis sont nombreux dans le Loop, au nord jusqu'à Andersonville et au nord-ouest jusqu'à Wicker Park/Bucktown. Il suffit de leur faire signe.
- Ils sont équipés de compteurs : la prise en charge est de 3,25 $, auxquels s'ajoutent 2,25 $ par mile, et 1 $ pour le premier passager supplémentaire (50 ¢/pers au-delà). Comptez 10-15% de pourboire.
- Toutes les grandes compagnies acceptent les cartes bancaires.
- **Uber** (www.uber.com), **Lyft** (www.lyft.com) et **Via** (www.ridewithvia.com) sont bien implantées à Chicago. Elles sont parfois légèrement plus avantageuses que les taxis.

Métro (L ; Elevated/ Subway Train)

- Le "L" (un réseau de métro aérien et souterrain) est rapide et fréquent. Il dessert la plupart des sites touristiques et des quartiers.
- Deux des 8 lignes – la ligne rouge et la ligne bleue, direction aéroport O'Hare – fonctionnent 24h/24. Les autres lignes circulent de 4h à 1h tous les jours, avec un passage toutes les 10 minutes environ.
- Le prix standard du trajet est de 3 $ (sauf depuis O'Hare, comptez 5 $) et inclut 2 correspondances. Franchissez le tourniquet en utilisant un Ventra Ticket, en vente dans les distributeurs des stations.
- Les pass trajets illimités (1/3/7 jours 10/20/28 $), disponibles dans les gares ferroviaires et les pharmacies, sont également pratiques.
- Plans et itinéraires sont disponibles sur le site Web de la **Chicago Transit Authority** (www.transitchicago.com). La section "Trackers" permet de déterminer l'horaire du prochain train ou bus à votre station.

Infos pratiques

Argent

DAB

- Les distributeurs automatiques de billets sont très répandus et disponibles 24h/24 (banques, aéroports et épiceries).
- La plupart des DAB font partie des réseaux bancaires internationaux (Plus, Cirrus, Exchange).
- Comptez généralement une commission de 3 $ ou plus par transaction. Renseignez-vous auprès de votre banque avant de partir.

Cartes bancaires

Les cartes bancaires (surtout Visa et MasterCard) sont acceptées presque partout. D'ailleurs, il est presque impossible de louer une voiture, de réserver un hôtel ou d'acheter des billets sans carte.

Pourboires

Les pourboires ne sont pas facultatifs ; il faut que le service soit vraiment mauvais pour se permettre de faire l'impasse.

Bagagistes d'aéroport et d'hôtel 2 $/bagage, minimum de 5 $/ chariot

Barmen 15-20% par tournée, minimum de 1/2 $ par boisson/ cocktails

Personnel de chambre 2-5 $ par jour

Serveurs au restaurant 18-20% de l'addition, sauf si le service est inclus

Chauffeurs de taxi 10-15%, arrondis au dollar supérieur

Voituriers 2-5 $ à la remise des clés

Cartes de réduction

- La **Go Chicago Card** (www.smartdestinations.com/chicago) permet l'accès illimité à plusieurs sites, dont des croisières sur l'architecture, la grande roue de Navy Pier et tous les grands musées. Elle est valable pour 1, 2, 3 ou 5 jours consécutifs. La même société propose un "Explorer Pass" valable pour 4 ou 5 sites à choisir parmi 29.
- Le **CityPass** (www.citypass.com/chicago) donne accès à 5 grands sites touristiques de la ville, dont l'Art Institute, le Shedd Aquarium et la Willis Tower, sur une période de 9 jours. Ce pass confère moins de flexibilité que celui de Go Chicago, mais il est plus économique si l'on souhaite visiter la ville à son propre rythme.

Faites des économies

- Bien que les aéroports disposent de bureaux de change, les taux sont souvent meilleurs en ville.
- Si vous comptez vous déplacer souvent en métro, vous avez tout intérêt à acheter une Ventra Card rechargeable.
- En vente dans toutes les stations, ces cartes sont plus pratiques qu'un ticket jetable et d'économiser environ 75 ¢ par trajet.

Dangers et désagréments

- Vous avez sans doute entendu parler du taux élevé de criminalité à Chicago : sachez que cela concerne surtout quelques quartiers éloignés, à l'ouest au sud.
- Les infractions sérieuses ont globalement diminué ces dernières années, et les grands secteurs touristiques sont assez sûrs.
- Les précautions habituelles pour visiter une grande ville restent de mise, surtout seul et la nuit. Les infractions concernent souvent le vol de téléphones portables : utilisez le vôtre discrètement.

Électricité

Type A
120 V/60 Hz

Type B
120 V/60 Hz

Formalités et visas

Les conditions d'entrée sur le territoire américain sont susceptibles de changer rapidement. Tous les voyageurs sont invités à vérifier la législation relative aux visas et passeports *avant* de partir pour les États-Unis. Vous pouvez consulter le site du **Département d'État américain** (US Department of State ; www.travel.state.gov) pour obtenir des renseignements, notamment la liste des consulats américains à l'étranger et les délais d'attente pour l'obtention d'un visa, pays par pays, et télécharger des formulaires.

Programme d'exemption de visa et ESTA

Le programme d'exemption de visa (Visa Waiver Program, ou VWP) des États-Unis permet à l'heure actuelle aux ressortissants de 38 pays (dont la France, la Belgique, le Luxembourg et la Suisse) de se rendre aux États-Unis sans visa pour des séjours touristiques ou d'affaires d'une durée maximale de 90 jours (aucune prorogation n'est autorisée).

- Il faut posséder un passeport individuel (pour les enfants aussi) répondant aux normes américaines actuelles et obtenir l'approbation de l'**Electronic System for Travel Authorization** (ESTA ; www.cbp.gov/esta) au préalable. Inscrivez-vous en ligne auprès du Department of Homeland Security sur la page www.cbp.gov/esta au moins 72 heures avant votre départ. Une fois l'autorisation de voyage validée, votre inscription est valable pendant 2 ans, mais vous devrez effectuer une nouvelle demande en cas de renouvellement de passeport ou de changement de situation. Les frais, à régler en ligne, sont de 14 $. Les Canadiens sont à l'heure actuelle exemptés de cette formalité.

Canadiens

Actuellement, les ressortissants canadiens peuvent entrer aux États-Unis munis seulement d'un passeport ou d'une autre pièce d'identité officielle.

Quitter le pays et y revenir

- Aller faire un petit tour au Canada est assez facile, mais au retour les non-Américains sont soumis à l'intégralité des formalités d'immigration.
- Ayez toujours votre passeport sur vous pour passer la frontière.
- Les ressortissants de la plupart des pays occidentaux n'ont pas besoin d'un visa pour le Canada.
- Les voyageurs arrivant en bus du Canada sont parfois sérieusement interrogés. Un billet aller-retour calme les craintes des services d'immigration.

Handicap

- La plupart des musées et des principaux sites touristiques sont accessibles aux personnes à mobilité réduite, tout comme la majorité des grands hôtels et restaurants.
- Les bus municipaux sont accessibles également, ce qui n'est pas le cas d'environ un tiers des stations de métro.
- **Easy Access Chicago** (www.easyaccesschicago.org) répertorie les musées, les circuits organisés, les restaurants et les hébergements accessibles, et indique leur degré d'accessibilité en fonction du handicap (handicapés moteurs, malvoyants, malentendants).
- Le **Mayor's Office for People with Disabilities** (www.cityofchicago.org/disabilities) répondra à vos questions sur les services proposés à Chicago.

Pas d'impair !

Tabac Il est interdit de fumer dans les restaurants et les bars de Chicago

Dîner On dîne généralement entre 18h et 20h (éventuellement un peu plus tard au restaurant)

Dans les escalators Si vous ne montez pas, tenez votre droite pour laisser libre le passage à gauche

Heures d'ouverture

Banques et bureaux 9h-17h lun-ven

Bars 17h-2h (3h sam) ; 17h-4h (5h sam) pour ceux ayant l'autorisation.

Clubs 22h-4h ; souvent fermés lun-mer

Restaurants Petit-déjeuner 7h ou 8h-11h, déjeuner 11h ou 11h30-14h30, dîner 17h ou 18h-22h dim-jeu, jusqu'à 23h ou minuit ven-sam

Commerces 11h-19h lun-sam, 12h-18h dim

Jours fériés

Les banques, les écoles, les administrations et beaucoup de commerces sont fermés les jours fériés suivants :

Nouvel An 1er janvier

Anniversaire de Martin Luther King (Martin Luther King Jr Day) 3e lundi de janvier

Jour du Président (President's Day) 3e lundi de février

Pulaski Day 1er lundi de mars (respecté surtout par les administrations municipales)

Memorial Day Dernier lundi de mai

Fête nationale (Independence Day) 4 juillet

Fête du Travail (Labor Day) 1er lundi de septembre

Jour de Christophe Colomb (Columbus Day) 2e lundi d'octobre

Jour des Vétérans (Veteran's Day) 11 novembre

Thanksgiving 4e jeudi de novembre

Noël 25 décembre

Offices du tourisme

Choose Chicago (www.choosechicago.com), site officiel du tourisme à Chicago, est une mine d'informations.

Téléphone

À Chicago, les numéros comportent toujours 11 chiffres : 1 + l'indicatif du quartier à 3 chiffres + le numéro local à 7 chiffres.

Téléphones portables

Les visiteurs d'autres pays peuvent utiliser des cartes SIM locales à condition de posséder un Smartphone débloqué. Sinon, procurez-vous un téléphone américain bon marché avec une carte prépayée.

Cartes téléphoniques

Des cartes téléphoniques prépayées privées sont en vente dans les commerces de proximité, supermarchés et pharmacies. La carte AT&T est fiable et répandue.

Toilettes

Les toilettes publiques sont rares. Il en existe près de Pritzker Pavilion à **Millennium Park** (plan p. 44, F3 ; ☎312-742-1168 ; www.millenniumpark.org ; 201 E Randolph St ; ⏲6h-23h ; 🚻 ; M Lignes marron, orange, verte, violette ou rose, arrêt Washington/Wabash) et au gymnase du **Maggie Daley Park** (plan p. 44, G3 ; www.maggiedaleypark.com ; 337 E Randolph St ; ⏲6h-23h ; 🚻 ; M Lignes marron, orange, verte, violette ou rose, arrêt Washington/Wabash), mais elles ne sont pas toujours ouvertes. Des sanitaires de base sont disponibles au **Chicago Cultural Center** (plan p. 44, E2 ; ☎312-744-6630 ; www.chicagoculturalcenter.org ; 78 E Washington St ; ⏲10h-19h lun-ven, 10h-17h sam-dim ; M Lignes marron, orange, verte, violette ou rose, arrêt Washington/Wabash), près de la Landmark Gallery. Le magasin **Target** (plan p. 44, D3 ; www.target.com ; 1 S State St ; ⏲7h-22h lun-ven, 8h-22h sam-dim ; 📶 ; M Ligne marron, orange, verte, violette ou rose, arrêt Madison) du Loop est aussi une option.

Urgences

Police (non urgent)	311
Police, pompiers et ambulances	911

Langue

En raison de leur histoire – les colonisations et les vagues d'immigration successives – et de la diversité de leurs populations, les Américains pratiquent fréquemment plusieurs langues. Si la langue anglaise est parlée dans tout le pays, elle n'a pas été désignée comme langue officielle des États-Unis.

Expressions courantes

Bonjour/salut.
Hello/Hi. hè·lo/haï

Au revoir.
Goodbye. goud·*baï*

Excuse(z)-moi.
Excuse me. ek·*skyouz* mi

Désolé(e).
Sorry. *so*·ri

S'il vous (te) plaît.
Please. pliiz

Merci.
Thank you. *Sank* you

Oui./Non.
Yes./No. yès/neo

Parlez-vous français ?
Do you speak french? dou you spik *frènn*·ch

Je ne comprends pas.
I don't understand. aï *dont* eunn·deur·*stand*

Comment allez-vous/vas-tu ?
How are you? *hao* âr you

Bien. Et vous/toi ?
Fine. And you? faïnn annd *you*

Au restaurant

Je suis végétarien(ne).
I'm vegetarian. aïm vèdjè·*teu*·rieunn

Santé !
Cheers! *tchiirz*

C'était délicieux !
That was delicious! zat woz dè·*li*·cheus

L'addition s'il vous plaît.
The bill, please. zeu bil pliiz

Je voudrais..., s'il vous plaît.
I'd like ..., please. aïd *laïk* ...pliiz

une table pour (deux)	*a table for (two)*	eu *téï*·beul for (tou)
ce plat	*that dish*	zat *dich*
la carte des vins	*the wine list*	zeu *waïnn* liste

Shopping

Je cherche...
I'm looking for ... aïm *lou*·kiinng for ...

Combien est-ce que ça coûte ?
How much is it? *hao* meutch iz it

C'est trop cher.
That's too expensive. zats *tou* èx·*pènn*·siv

Pouvez-vous baisser le prix ?
Can you lower the price? kann you lao·wèr zeu *praïs*

Urgences

Au secours !
Help! hèlp

Appelez un médecin !
Call a doctor! kôl eu *dok*·teur

Appelez la police !
Call the police! kôl zeu po·*liis*

Je suis perdu(e).
I'm lost. aïm lost

Je suis malade.
I'm sick. aïm sik

Où sont les toilettes ?
Where's the bathroom? wèrz zeu *bass*·roum

Heure et chiffres

Quelle heure est-il ?
What time is it? wat *taïm* iz it

Il est (1/13) heure(s).
It's (one am/pm) o'clock. its (wann èï·èm/pi·èm) ok·*lok*

matin	*morning*	*mor*·ninng
après-midi	*afternoon*	af·teur·*noun*
soir	*evening*	*iv*·ninng
hier	*yesterday*	*yès*·teu·dèï
aujourd'hui	*today*	tou·*dèï*
demain	*tomorrow*	tou·*mo*·ro

1	*one*	wann
2	*two*	tou
3	*three*	srii
4	*four*	fôr
5	*five*	faïv
6	*six*	six
7	*seven*	*sè*·veunn
8	*eight*	eït
9	*nine*	naïnn
10	*ten*	tèn

Transports et orientation

Où est ...?
Where's ...? wèrz ...

Quelle est l'adresse ?
What's the adress? wats zi a·*drès*

Pouvez-vous me montrer (sur la carte) ?
Can you show me (on the map)? kann you *chô* mi (onn zeu *map*)

Un billet pour ..., s'il vous plaît.
One ticket for ... please. wann *ti*·kèt for ... pliiz

À quelle heure part le bus/le train ?
What time does the bus/train leave? wat *taïm* daz zeu beus/tréïn liiv

Je voudrais un taxi.
I'd like a taxi. aïd laïk eu *tak*·si

Ce taxi est-il libre ?
Is this taxi free? iz zis *tak*·si frii

Arrêtez-vous ici, s'il vous plaît.
Please stop here. pliiz stop hiir

Hébergement

Où puis-je trouver un hôtel ?
Where's a hotel? wèrz eu ho·*tèl*

Je voudrais réserver une chambre.
I'd like to book a room. aïd laïk tou bouk eu *roum*

J'ai une réservation.
I have a reservation. aï hav eu rè·zèr·*véï*·cheunn

En coulisses

Vos réactions ?

Vos commentaires nous sont très précieux pour améliorer nos guides. Notre équipe lit vos lettres avec la plus grande attention et prend en compte vos remarques pour les prochaines mises à jour. Pour nous faire part de vos réactions, prendre connaissance de notre catalogue et vous abonner à notre newsletter, consultez notre site Internet : **www.lonelyplanet.fr**

Nous reprenons parfois des extraits de notre courrier pour les publier dans nos guides ou sites web. Si vous ne souhaitez pas que vos commentaires soient repris ou que votre nom apparaisse, merci de nous le préciser. Notre politique en matière de confidentialité est disponible sur notre site Internet.

Crédit photographique

Photographie de couverture : Flamingo, par Alexander Calder, devant le Kluczynski Federal Building, Susanne Kremer/© 2018 Calder Foundation, New York/ Copyright Agency, Australia

Un mot des auteures

Ali

Je remercie Jo Wright, Zina Alam et Igor Enin pour avoir pris soin de mes compagnons à poils. Merci à Karla Zimmerman, Cate Huguelet, Trisha Ping et Krystyn Wells pour l'inspiration et les rencontres à Chicago. Merci enfin à Laura et Karla Ruiz pour leur hospitalité et leurs recommandations sur place ; mention spéciale à leur chien Bruno, qui est vraiment une brave bête !

Karla

Je voudrais exprimer ma profonde reconnaissance aux habitants qui m'ont livré les secrets de leurs lieux préférés. Merci particulièrement à Kari Lydersen, Ali Lemer, Lisa Dunford ainsi que Chris et Kevin Kohl. Mais surtout, merci à Eric Markowitz, le meilleur compagnon du monde, très tolérant face à ma passion pour la bière et les donuts.

À propos de cet ouvrage

Cette 3e édition de *Chicago en quelques jours* est la traduction de la 4e édition du guide *Pocket Chicago* en anglais, élaborée par Ali Lemer, avec l'aide de Karla Zimmerman.

Traduction Kevin Thevenet

Direction éditoriale Didier Férat

Adaptation française Émeline Gontier

Responsable prépresse Jean-Noël Doan

Maquette Marie Dautet

Cartographie Cartes adaptées en français par Caroline Sahanouk

Couverture adaptée en français par Laure Wilmot

Remerciements Merci à Jacqueline Menanteau et Noémie Lemaire pour leur aide précieuse.

Index

Voir aussi les index :

Se restaurer 162

Prendre un verre 163

Sortir 164

Shopping 164

Référence des **sites**
Référence des **cartes**

Se restaurer

Prendre un verre

Sortir

Shopping

Notes

Nos auteures

Ali Lemer

Ali est auteure-rédactrice pour Lonely Planet depuis 2007. Elle a signé des guides et des articles de voyage sur la Russie, l'Allemagne, New York, Chicago, Los Angeles, Melbourne, Bali, Hawaï, le Japon et l'Écosse. Originaire de New York, Ali a aussi vécu à Melbourne, à Chicago, à Prague et en Angleterre. Elle a beaucoup voyagé en Europe, en Amérique du Nord, en Océanie et en Asie.

Karla Zimmerman

Karla vit à Chicago où, quand elle n'est pas absorbée par la dégustation de donuts ou en train de supporter vivement les Cubs, elle contribue de sa plume à des ouvrages, magazines et sites Internet. Elle a coécrit plus de 70 guides Lonely Planet et livres sur le voyage, en couvrant l'Europe, l'Asie, l'Afrique, l'Amérique du Nord et les Caraïbes. Suivez-la sur Instagram et sur Twitter @karlazimmerman.

Chicago en quelques jours
3e édition
Traduit et adapté de l'ouvrage *Pocket Chicago, 4th edition, January 2020*

92 avenue de France, 75013 Paris
Photographes © comme indiqué 2020
Dépôt légal Mars 2020
ISBN 978-2-81618-549-2
Imprimé par L.E.G.O. Spa (Legatoria Editoriale Giovanni Olivotto), Italie

En Voyage Éditions | un département édi8